MÉMOIRES
D'HYPPOLITE CLAIRON,
ET
RÉFLEXIONS SUR L'ART DRAMATIQUE.
PUBLIÉS PAR ELLE-MÊME.

Un Volume in-8°. de 360 pages, imprimé sur papier carré fin, et caractère de cicéro Didot; prix 3 francs 60 centimes; et 4 francs 60 centimes, franc de port par la poste. A Paris, même adresse.

En papier vélin, 7 francs 20 centimes, sans le port.

L'INTENTION de l'Auteur étoit que son Ouvrage ne parût que dix ans après sa mort; mais des circonstances, expliquées au commencement de son livre, ont forcé la Citoyenne CLAIRON de le publier elle-même.

Cet Ouvrage offre plusieurs genres d'intérêt, et ne peut manquer de plaire à tous ceux qui ont encore quelque goût pour le Théâtre.

La Citoyenne CLAIRON n'est pas seulement une grande actrice: c'est encore une femme d'esprit, et d'un esprit très-cultivé. Elle a vécu avec les gens du monde et les gens de Lettres. Elle a mérité d'avoir des amis parmi les hommes les plus distingués. Elle a constamment mis dans sa conduite une dignité et un désintéressement qui ont honoré son caractère, et donné un bon exemple aux personnes de son état.

Les détails de sa Vie privée sont du plus grand intérêt; ses Observations sur l'Art qu'elle a exercé avec une si grande supériorité, seront sans doute précieuses pour ceux qui aiment les progrès du Théâtre, et bien utiles aux Artistes qui, entrant dans la même carrière, seront en état d'en profiter pour le perfectionnement de leurs talens.

La première Partie contient les détails relatifs à la Vie et à la personne de l'Auteur. La seconde, renferme les Réflexions sur l'Art du Théâtre. Les Gens de Lettres qui ont été à portée de connoître l'ensemble de ces Réflexions, conviennent tous qu'on n'a rien écrit encore d'aussi élémentaire, d'aussi lumineux et d'aussi profond sur la réunion des qualités naturelles, nécessaires pour bien jouer la Tragédie, et sur

MÉMOIRES
D'HYPPOLITE CLAIRON.

CORRESPONDANCE SECRÈTE

DE CHARETTE, STOFFLET, PUISAYE, CORMATIN, D'AUTICHAMP, BERNIER, FROTTÉ, SCEPEAUX, BOTHEREL;

Du Prétendant, du ci-devant Comte d'Artois, de leurs Ministres et Agens, et autres Vendéens, Chouans et Émigrés Français.

Suivie du Journal d'Olivier d'Argens, et du Code Politique et Civil qui a régi la Vendée pendant le temps de la Rébellion.

Imprimés sur Pièces Originales, Saisies par les Armées de la République, sur les différens Chefs de Rebelles, dans les divers Combats qui ont précédé la Pacification de la Vendée.

Deux Volumes in-8°. de 670 pages, imprimés sur carré fin, et caractère de cicéro non-interligné;

Avec le Portrait de CHARETTE, *gravé en taille-douce, très-ressemblant.*

Prix, 6 francs 50 centimes, broché; et 8 francs 50 centimes, franc de port par la Poste. A Paris, chez F. Buisson, *Imprimeur-Libraire, rue Hautefeuille, n°. 20.*

Le caractère d'authenticité dont ces Pièces sont revêtues, est la raison la plus solide de l'intérêt qu'elles doivent obtenir. L'Editeur a eu raison de croire que, prétendre à cet intérêt par des opinions, c'eût été l'affoiblir. C'est respecter la Postérité; c'est servir l'Histoire, que de lui transmettre ainsi, nus et dégagés de toute glose, les Matériaux qui seront la base de ses jugemens.

De toutes les Contrées de la France, la plus intéressante pour l'Histoire, est, sans contredit, celle de l'Ouest. Sa position, qui la tient plus immédiatement sous l'influence de l'Angleterre; la disposition de son sol, qui rend des Armées nombreuses incapables d'agir en masse; le caractère de ses Habitans, naturellement courageux et faciles à séduire; l'influence des Nobles et des Prêtres, plus grande là que par-tout ailleurs, à raison de l'ignorance extrême du Peuple, ont, de tout temps, fait de ce Pays le berceau des Guerres civiles.

Quel est le Philosophe qui ne s'intéresse vivement au sort malheureux des Vendéens et des Bretons! qui, en condamnant leur révolte, en détestant les coupables instrumens de leur séduction, ne frémisse sur le massacre de tant de victimes innocentes, que la force ou les préjugés ont entraînées dans ce précipice affreux! Quel est celui des Français qui, survivant aux désastres de sa Patrie, et distrait des scènes d'horreur qui se passoient à côté de lui, par celles plus sensibles encore qui le menaçoient personnellement, ne désire maintenant s'instruire du sort de ses frères égarés, des derniers sentimens, des dernières pensées d'un père, peut-être; d'un fils, d'un époux, d'une mère chérie! Ces Lettres, dépositaires des secrets de tant de familles, et qui renferment également ceux des ennemis de la République, ne pouvoient voir plutôt le jour sans danger pour elle. Que de Personnes seront étonnées de voir leur nom figurer dans cette Correspondance curieuse! Combien d'autres, sous des noms empruntés, s'applaudiront de leur prudence, en voyant leurs intrigues secrètes trahies! L'Étranger, même le moins intéressé à nos désastres politiques, n'y lira pas sans plaisir quelques lettres confidentielles des Agens contre-révolutionnaires; et les Anglais sur-tout y trouveront à chaque page des traits de la scélératesse et de la perfidie de leur Gouvernement.

MÉMOIRES
D'HYPPOLITE CLAIRON,
ET
RÉFLEXIONS SUR L'ART DRAMATIQUE,
PUBLIÉS PAR ELLE-MÊME.

Un Volume in-8°. de 360 pages, imprimé sur papier carré fin, et caractère de cicéro Didot; prix 3 francs 60 centimes; et 4 francs 60 centimes, franc de port par la poste. A Paris, même adresse.

En papier vélin, 7 francs 20 centimes, sans le port.

L'INTENTION de l'Auteur étoit que son Ouvrage ne parût que dix ans après sa mort; mais des circonstances, expliquées au commencement de son livre, ont forcé la Citoyenne CLAIRON de le publier elle-même.

Cet Ouvrage offre plusieurs genres d'intérêt, et ne peut manquer de plaire à tous ceux qui ont encore quelque goût pour le Théâtre.

La Citoyenne CLAIRON n'est pas seulement une grande actrice : c'est encore une femme d'esprit, et d'un esprit très-cultivé. Elle a vécu avec les gens du monde et les gens de Lettres. Elle a mérité d'avoir des amis parmi les hommes les plus distingués. Elle a constamment mis dans sa conduite une dignité et un désintéressement qui ont honoré son caractère, et donné un bon exemple aux personnes de son état.

Les détails de sa Vie privée sont du plus grand intérêt; ses Observations sur l'Art qu'elle a exercé avec une si grande supériorité, seront sans doute précieuses pour ceux qui aiment les progrès du Théâtre, et bien utiles aux Artistes qui, entrant dans la même carrière, seront en état d'en profiter pour le perfectionnement de leurs talens.

La première Partie contient les détails relatifs à la Vie et à la personne de l'Auteur. La seconde, renferme les Réflexions sur l'Art du Théâtre. Les Gens de Lettres qui ont été à portée de connoître l'ensemble de ces Réflexions, conviennent tous qu'on n'a rien écrit encore d'aussi élémentaire, d'aussi lumineux et d'aussi profond sur la réunion des qualités naturelles, nécessaires pour bien jouer la Tragédie, et sur les études indispensables pour perfectionner les plus heureux dons de la nature.

Mais ce n'est pas au comédien seul que ces Réflexions offriroient de grandes et utiles leçons; plus d'un de nos poètes tragiques pourroit y apprendre à entendre *Corneille* et *Racine*.

RÉFLEXIONS SUR L'ART DRAMATIQUE.
PUBLIÉS PAR ELLE-MÊME.

Un Volume in-8°. de 360 pages, imprimé sur papier carré fin, et caractère de cicéro Didot ; prix 3 francs 60 centimes ; et 4 francs 60 centimes, franc de port par la poste. A Paris, même adresse.

En papier vélin, 7 francs 20 centimes, sans le port.

L'INTENTION de l'Auteur étoit que son Ouvrage ne parût que dix ans après sa mort ; mais des circonstances, expliquées au commencement de son livre, ont forcé la Citoyenne CLAIRON de le publier elle-même.

Cet Ouvrage offre plusieurs genres d'intérêt, et ne peut manquer de plaire à tous ceux qui ont encore quelque goût pour le Théâtre.

La Citoyenne CLAIRON n'est pas seulement une grande actrice : c'est encore une femme d'esprit, et d'un esprit très-cultivé. Elle a vécu avec les gens du monde et les gens de Lettres. Elle a mérité d'avoir des amis parmi les hommes les plus distingués. Elle a constamment mis dans sa conduite une dignité et un désintéressement qui ont honoré son caractère, et donné un bon exemple aux personnes de son état.

Les détails de sa Vie privée sont du plus grand intérêt ; ses Observations sur l'Art qu'elle a exercé avec une si grande supériorité, seront sans doute précieuses pour ceux qui aiment les progrès du Théâtre, et bien utiles aux Artistes qui, entrant dans la même carrière, seront en état d'en profiter pour le perfectionnement de leurs talens.

La première Partie contient les détails relatifs à la Vie et à la personne de l'Auteur. La seconde, renferme les Réflexions sur l'Art du Théâtre. Les Gens de Lettres qui ont été à portée de connoître l'ensemble de ces Réflexions, conviennent tous qu'on n'a rien écrit encore d'aussi élémentaire, d'aussi lumineux et d'aussi profond sur la réunion des qualités naturelles, nécessaires pour bien jouer la Tragédie, et sur les études indispensables pour perfectionner les plus heureux dons de la nature.

Mais ce n'est pas au comédien seul que ces Réflexions offriroient de grandes et utiles leçons ; plus d'un de nos poëtes tragiques pourroit y apprendre à entendre *Corneille* et *Racine*.

MÉMOIRES
D'HYPPOLITE CLAIRON.

Décret concernant les Contrefacteurs, rendu le 19 Juillet 1793, l'An 2 de la République.

La Convention nationale, après avoir entendu le rapport de son Comité d'instruction publique, décrète ce qui suit :

Art. 1. Les Auteurs d'écrits en tout genre, les Compositeurs de Musique, les Peintres et Dessinateurs qui feront graver des Tableaux ou Dessins, jouiront durant leur vie entière du droit exclusif de vendre, faire vendre, distribuer leurs Ouvrages dans le territoire de la République, et d'en céder la propriété en tout ou en partie.

Art. 2. Leurs héritiers ou Cessionnaires jouiront du même droit durant l'espace de dix ans après la mort des auteurs.

Art. 3. Les officiers de paix, Juges de Paix ou Commissaires de Police seront tenus de faire confisquer, à la réquisition et au profit des Auteurs, Compositeurs, Peintres ou Dessinateurs et autres, leurs Héritiers ou Cessionnaires, tous les Exemplaires des Editions imprimées ou gravées sans la permission formelle et par écrit des Auteurs.

Art. 4. Tout Contrefacteur sera tenu de payer au véritable Propriétaire une somme équivalente au prix de trois mille exemplaires de l'Edition originale.

Art. 5. Tout Débitant d'Édition contrefaite, s'il n'est pas reconnu Contrefacteur, sera tenu de payer au véritable Propriétaire une somme équivalente au prix de cinq cents exemplaires de l'Édition originale.

Art. 6. Tout Citoyen qui mettra au jour un Ouvrage, soit de Littérature ou de Gravure dans quelque genre que ce soit, sera obligé d'en déposer deux exemplaires à la Bibliothèque nationale ou au Cabinet des Estampes de la République, dont il recevra un reçu signé par le Bibliothécaire ; faute de quoi il ne pourra être admis en justice pour la poursuite des Contrefacteurs.

Art. 7. Les héritiers de l'Auteur d'un Ouvrage de Littérature ou de Gravure, ou de toute autre production de l'esprit ou du génie qui appartiennent aux beaux-arts, en auront la propriété exclusive pendant dix années.

Je place la présente Édition sous la sauve-garde des Loix et de la probité des Citoyens. Je déclare que je poursuivrai devant les Tribunaux tout Contrefacteur, Distributeur ou Débitant d'Edition contrefaite. J'assure même au Citoyen qui me fera connoître le Contrefacteur, Distributeur ou Débitant, la moitié du dédommagement que la Loi accorde. Paris, ce 13 Vendémiaire, l'an 7e de la République Française.

MÉMOIRES
D'HYPPOLITE CLAIRON,
ET RÉFLEXIONS
SUR L'ART DRAMATIQUE;
PUBLIÉS PAR ELLE-MÊME.

A PARIS,

Chez F. Buisson, Imp-Lib. rue Hautefeuille, N°. 20.

AN VII DE LA RÉPUBLIQUE.

AU RÉDACTEUR
DU PUBLICISTE (1).

Issy, près Paris, ce 25.

CITOYEN,

J'AI lu dans votre Feuille du 21 de ce mois, un article qui annonce une Edition de mes *Mémoires*, publiée en Allemagne et en allemand. J'ai, en effet, confié le Manuscrit de mes Réflexions sur l'Art Dramatique et sur moi-même, à un étranger, homme de lettres, que j'aime, que j'estime autant qu'il est possible. La connaissance intime que j'ai de ses principes et de sa moralité, me fait rejeter loin de moi toute idée d'infidélité. Si je nommais mon ami, toutes les personnes dont il est connu, lui

(1) Cette Lettre est imprimée dans le N°. de ce Journal, du 28 Thermidor an 6.

rendraient la même justice. Cette Edition ne peut être qu'un vol fait à sa délicatesse.

Mon intention était que ce petit Ouvrage ne parût que dix ans après ma mort; mais cet accident, le jugement que porte votre Correspondant, et sur-tout la crainte de paroître manquer à tout ce que je dois de reconnaissance au Public et de respect à ma Nation, me décident à faire imprimer moi-même cet Essai. Je déclare donc solennellement que la seule Edition que je puisse avouer, est celle qui sera imprimée en français, sous mes yeux, et qui paraîtra le plutôt qu'il me sera possible.

Je vous conjure aussi, Citoyen, d'être sûr que mon ame sensible n'oubliera jamais ce que votre Correspondant a eu la bonté d'ajouter à son avis, de doux et de flatteur pour moi. *Signé,* CLAIRON.

MÉMOIRES

MÉMOIRES
D'HYPPOLITE CLAIRON.

En 1743, ma jeunesse et mes succès sur les théâtres de l'Opéra et de la comédie Française, me procurèrent une suite considérable de jeunes fats, de vieux voluptueux, parmi lesquels se trouvèrent quelques êtres honnêtes et sensibles. M. de S., fils d'un négociant de Bretagne, âgé d'environ trente ans, d'une belle figure, très-bien fait, faisant des vers avec esprit et facilité, fut un de ceux que je touchai le plus profondément. Ses propos et son maintien annonçaient l'éducation la plus soignée, l'habitude de la bonne compagnie ; et sa réserve, sa timidité, qui ne permettaient qu'à ses soins et ses yeux de s'expliquer, me le firent distinguer de tous les autres. Après l'avoir assez long-temps examiné dans nos foyers, je lui permis de venir chez moi, et ne lui laissai point de doute sur l'amitié qu'il m'inspirait. Me voyant libre et sensible, il prit patience, espérant que le temps amèneroit un sentiment plus tendre.... Eh! qui sait?.. qui peut répondre?... Mais, en répondant avec candeur à toutes les questions que me dictaient ma raison et ma curiosité, il ruinait lui-même toutes ses affaires. Blessé de n'être qu'un bourgeois, il avait dénaturé ses biens pour les venir manger à Paris sous des titres plus relevés : cela me déplut. Rougir de soi-même est, ce me semble, un moyen de justifier le dédain des autres. Son humeur était mélancolique, haineuse : il connaissait trop bien les hommes, disait-il, pour ne pas les mépriser et les fuir. Son projet était de ne plus voir que moi, et de m'amener à ne plus voir que lui. Cela me déplut encore plus, comme vous croyez bien. Je pouvois consentir qu'on m'arrêtât avec des fleurs, et non qu'on me retînt avec des chaînes. Je vis, dès ce moment, la nécessité de détruire, de fond en comble, l'espoir consolant dont il se nourrissait, et de réduire la société de tous les jours à des visites de loin en loin. Cela lui causa une grande maladie, pendant laquelle je lui rendis tous les soins possibles. Mais des refus constans rendaient la plaie plus profonde; et malheureusement pour ce pauvre et brave garçon, son beau-frère, à qui il avoit donné carte blanche pour toucher et lui faire passer ses revenus, voulant doubler la dot de sa femme, laissa M. de S. dans un besoin si pressant, qu'il fut obligé d'accepter le peu que j'avais d'argent, pour sa nourriture et les remèdes qu'exigeait son état. Cela fait frémir; et vous sentez, mon cher Henri, l'importance de garder ce secret dans votre sein. Je respecte sa mémoire et ne veux point l'abandonner à la pitié souvent insultante des hommes; gardez-lui vous-même le religieux silence que je romps, pour la première fois, et qui ne cède qu'à ma profonde estime pour vous.

Enfin, il recouvra ses biens, mais jamais sa santé; et croyant lui rendre un service, en l'éloignant de moi, je refusai constamment ses lettres et ses visites.

Deux ans et demi s'étaient écoulés entre notre connaissance et sa mort. Il me fit prier d'accorder à ses derniers momens, la douceur de me voir encore: mes entours m'empêchèrent de faire cette démarche. Il mourut, n'ayant près de lui que ses domestiques et une vieille dame, seule société qu'il eût depuis long-temps. Il logeait alors sur le rempart, près la chaussée d'Antin, où l'on commençait à bâtir: moi, rue de Bussy, près la rue de Seine et l'abbaye Saint-Germain. J'avais ma mère, et plusieurs amis venoient souper avec moi. Les convives journaliers étaient, un intendant des menus-plaisirs, dont j'avais continuement besoin auprès des gentilshommes de la chambre et des comédiens; le bon Pipelet, que vous avez connu et chéri; Rosely, l'un de mes camarades, jeune-homme bien né, plein d'esprit et de talens. Les soupers de ce temps étoient plus gais, si petits qu'ils fussent, que les plus belles fêtes ne l'ont été depuis 40 ans. Je venais de chanter de fort jolies moutonades, dont mes amis étaient dans le ravissement, lorsqu'au coup de onze heures succéda le cri le plus aigu. Sa sombre modulation et sa longueur, étonnèrent tout le monde ; je me sentis défaillir, et je fus près d'un quart-d'heure sans connaissance.

L'intendant était amoureux et jaloux ; il me dit, avec beaucoup d'humeur, lorsque je revins à moi, que les signaux de mes rendez-vous étoient trop bruyans. Ma réponse fut : Maîtresse de recevoir, à toute heure, qui bon me semblera, les signaux me sont inutiles ; et ce que vous nommez ainsi est trop déchirant pour être l'annonce des doux momens que je pourrais désirer. — Ma pâleur, le tremblement qui me restait, quelques larmes qui coulaient, malgré moi, et mes prières pour qu'on restât une partie de la nuit, prouvèrent que j'ignorais ce que ce pouvait être. On raisonna beaucoup sur le genre de ce cri, et l'on convint de tenir des espions dans la rue, pour savoir, au cas qu'il se fît encore entendre, quelle était sa cause et son auteur.

Tous nos gens, mes amis, mes voisins, la police même, ont entendu ce même cri, toujours à la même heure, toujours partant sous mes fenêtres, et ne paraissant sortir que du vague de l'air. Il ne me fut pas permis de douter qu'il fût pour d'autre que pour moi. Je soupais rarement en ville ; mais les jours où j'y soupais, l'on n'entendait rien, et plusieurs fois, demandant de ses nouvelles à ma mère, à mes gens, lorsque je rentrais dans ma chambre, il partait au milieu de nous. Une fois, le président de B., chez lequel j'avais soupé, voulut me reconduire, pour s'assurer qu'il ne m'était rien arrivé en chemin. Comme il me souhaitait le bon soir à ma porte, le cri partit entre lui et moi. Ainsi que tout Paris, il savait cette histoire : cependant, on le remit dans sa voiture plus mort que vivant.

Une autre fois, je priai mon camarade

Rosely de m'accompagner rue Saint-Honoré, pour choisir des étoffes, et pour faire ensuite une visite à mademoiselle de Saint-P....., qui logeait près la porte Saint-Denis. L'unique sujet de notre entretien, dans ces deux courses, fut mon revenant (c'est ainsi qu'on l'appelait). Ce jeune homme, plein d'esprit, ne croyant à rien, était cependant frappé de mon aventure : il me pressait d'évoquer le fantôme, en me promettant d'y croire, s'il me répondait. Soit par faiblesse ou par audace, je fis ce qu'il me demandait : le cri partit à trois reprises, terribles par leur éclat et leur rapidité. Arrivés à la porte de notre amie, il fallut le secours de toute la maison pour nous tirer du carrosse, où nous étions sans connaissance l'un et l'autre.

Après cette scène, je restai quelques mois sans rien entendre. Je me croyais à jamais quitte; je me trompais.

Tous les spectacles avaient été mandés à Versailles, pour le mariage du dauphin. Nous y devions passer trois jours :

on avait oublié quelques logemens. Madame Grandval n'en avait point. J'attendis inutilement, avec elle, qu'on lui en trouvât un. A trois heures du matin, je lui offris de partager la chambre à deux lits, qu'on m'avait arrangée dans l'avenue de Saint-Cloud : elle accepta. Je lui donnai le petit lit; dès qu'elle y fut, je me mis dans le mien. Tandis que ma femme-de-chambre se déshabillait pour se coucher à côté de moi, je lui dis : Nous sommes au bout du monde; il fait le temps le plus affreux; le cri serait bien embarrassé d'avoir à nous chercher ici.... Il partit! Madame Grandval crut que l'enfer entier était dans la chambre : elle courut, en chemise, du haut en bas de la maison, où personne ne put fermer l'œil du reste de la nuit; mais ce fut au moins la dernière fois qu'il se fit entendre.

Sept ou huit jours après, causant avec ma société ordinaire, la cloche de onze heures fut suivie d'un coup de fusil, tiré dans une de mes fenêtres. Tous, nous entendîmes le coup; tous, nous vîmes le feu; la fenêtre n'avait nulle espèce de dommage. Nous conclûmes tous qu'on en vouloit à ma vie; qu'on m'avait manquée, et qu'il fallait prendre des précautions pour l'avenir. L'intendant vola chez M. de Marville, alors lieutenant de police et son ami. On vint tout de suite visiter les maisons vis-à-vis la mienne. Les jours suivans, elles furent gardées du haut en bas; on visita toute la mienne; la rue fut remplie par tous les espions possibles; mais, quelque soins qu'on prît, ce coup, pendant trois mois entiers, fut entendu, vu, frappant toujours à la même heure, dans le même carreau de vitre, sans que personne ait jamais pu voir de quel endroit il partait. Ce fait a été constaté sur les registres de la police.

Accoutumée à mon revenant, que je trouvais assez bon diable, puisqu'il s'en tenait à des tours de passe - passe, ne prenant pas garde à l'heure qu'il était, ayant fort chaud, j'ouvris la fenêtre consacrée, et l'intendant et moi nous nous appuyâmes sur le balcon. Onze heures sonnent; le coup part, et nous jette tous les deux au milieu de la chambre, où nous tombons comme morts. Revenus à nous-mêmes, sentant que nous n'avions rien, nous regardant, nous avouant que nous avions reçu, lui sur la joue gauche, moi sur la joue droite, le plus terrible soufflet qui se soit jamais appliqué, nous nous mîmes à rire comme deux fous. Le lendemain, rien. Le surlendemain, priée, par mademoiselle Dumesnil, d'être d'une petite fête nocturne qu'elle donnait à sa maison de la barrière Blanche, je montai en fiacre, à onze heures, avec ma femme-de-chambre. Il faisait le plus beau clair de lune, et l'on nous conduisait par les boulevarts, qui commençaient à se garnir de maisons : nous examinions tous les travaux qu'on faisait là, lorsque ma femme-de-chambre me dit : N'est-ce pas par ici qu'est mort M. de S.? — D'après les renseignemens qu'on m'a donnés, ce doit être, lui dis-je, en les désignant avec mon doigt, dans l'une des deux maisons que voilà devant nous. D'une des deux, partit ce même coup de fusil qui me poursuivait ; il traversa notre voiture : le cocher doubla son train, se croyant attaqué par des voleurs ; nous, nous arrivâmes au rendez-vous, ayant à peine repris nos sens, et, pour ma part, pénétrée d'une terreur que j'ai gardée long-temps, je l'avoue ; mais cet exploit fut le dernier des armes à feu.

A leur explosion succéda un claquement de mains, ayant une certaine mesure et des redoublemens : ce bruit auquel les bontés du public m'avoient accoutumée, ne me laissa faire aucune remarque pendant long-temps ; mes amis en firent pour moi. Nous avons guetté, me dirent-ils : c'est à onze heures, presque sous votre porte qu'il se fait ; nous l'entendons ; nous ne voyons personne : ce ne peut être qu'une suite de ce que vous avez éprouvé. Comme ce bruit n'avait rien de terrible, je ne conservai point la date de sa durée; je ne fis pas plus d'attention aux sons mélodieux qui se firent entendre après ; il semblait qu'une voix céleste donnait le canevas de l'air noble et touchant qu'elle allait chanter ; cette voix commençait au carrefour de Bussy et finissait à ma porte ; et, comme il en avoit été de tous les sons précédens, on suivait, on entendait, et l'on ne voyait rien. Enfin tout cessa après un peu plus de deux ans et demi.

La maison que j'occupais étoit fort bruyante par la proximité du marché et la quantité de locataires qui l'habitaient; j'avais besoin de plus de calme pour mes études, et pour ma santé déjà fort altérée; j'étais un peu moins pauvre, et je désirais d'être mieux. On me parla d'une petite maison rue des Marais, du prix de douze cents livres. On me dit que Racine y avoit demeuré quarante ans avec toute sa famille ; que c'étoit-là qu'il avait composé ses immortels ouvrages, là qu'il étoit mort ; qu'ensuite la touchante Lecouvreur l'avait occupée, ornée, et qu'elle y était morte aussi. Les murs seuls de cette maison doivent suffire, me disais-je, à me faire sentir la sublimité de l'auteur, et me faire arriver au talent de l'actrice : c'est dans ce sanctuaire que je dois vivre et mourir! On me l'accorda, et l'on mit écriteau sur celle que j'occupais. Dans le nombre de ceux qui cherchaient à se loger, se glissèrent beaucoup de curieux. Le public ne m'appercevait jamais hors du théâtre; il voulut me voir sans couronne et sans l'appui de Corneille, Racine et Voltaire, réduite enfin au maintien simple, aux propos vulgaires d'une bourgeoise. J'ose croire que mon moral n'y perdit pas grand'chose ; il me restait encore mon ame et mes habitudes. Mais vous savez que je suis très-petite, et vous avez sûrement entendu dire qu'on me croyait près de six pieds. Dans ma chambre, je ne savois être que moi; je n'employais jamais l'art qu'au théâtre : j'avais peur qu'en me voyant de près on ne retranchât de ma petite stature le double de ce qu'on avait coutume d'y ajouter. Je savais déjà que qui n'impose plus aux hommes n'a plus rien à prétendre d'eux. Heureusement ma nation alors ne réfléchissait guère ; et j'eus lieu de m'assurer au contraire qu'on croyait que je grandissais tous les jours.

Quelle digression ! direz vous ; votre singulière histoire n'est déjà que trop longue ; abrégez, n'ajoutez pas....... Je conviens que vous avez raison ; mais vous me l'avez demandée cette histoire : ne sachant pas ce que vous en voulez faire, je n'en dois rien omettre. Je ne puis en tracer un seul mot sans vous rendre aussi présent à mon esprit que vous êtes intéressant à mon cœur. Est-ce ma faute, à moi, si les ans, les maux, le malheur, me laissent encore les illusions d'une ame sensible ? C'est pour vous que j'écris. Je crois que je vous parle ; que vous écoutez mes historiettes et mon rabachage avec cette douceur complaisante qui vous rend si cher à vos amis, et si précieux dans la société; et c'est, hélas! avec bien du regret que je m'arrache à ma consolante chimère!.......

Allons, reprenons mon récit.

On vint me dire qu'une dame âgée demandait à voir mon appartement, et qu'elle était-là. Il a toujours été dans mes principes de témoigner les plus grands égards à la vieillesse; je fus au devant d'elle. Une émotion dont je ne fus pas la maîtresse me la fit regarder long-temps depuis les pieds jusqu'à la tête ; et cette émotion redoubla lorsque je m'apperçus qu'elle éprouvait et faisait la même chose que moi. Tout ce que je pus, fut enfin de lui proposer de s'asseoir : elle l'accepta; et nous en avions besoin toutes deux. Notre silence continuait, mais nos yeux ne nous laissaient aucun doute sur l'envie que nous avions de parler : elle savait qui j'étais ; je ne la connaissais pas ; elle sentit que c'était à elle à rompre le silence ; et voici notre conversation.

Depuis long-temps, mademoiselle, j'ai le désir le plus vif de vous connaître. N'allant point aux spectacles, ne connoissant aucun de ceux auxquels vous accordez le bonheur de vous voir, et ne voulant pas m'expliquer par écrit, j'ai craint qu'une lettre, qui vous laisserait des doutes sur mes motifs, n'essuyât un refus; l'écriteau mis pour votre appartement me procure enfin ce doux moment : pardonnez. Je vous avoue que ce n'est pas lui qui m'attire; je ne suis pas assez riche pour m'en charger. Je vous prierai pourtant de me le faire voir : les lieux que vous habitez sont intéressans à connaître. Vos talens ont une célébrité qui ne me laisse point de doute sur votre esprit; je vois qu'on ne m'a pas trompée sur votre figure : je désire savoir si le récit des lieux est aussi fidèle; et, de place en place, suivre mon malheureux ami dans ses espérances et son désespoir.... — Il me semble, madame, que l'agitation où vous me voyez, et que chacune de vos phrases augmente,

augmente, vous fait un devoir pressant de m'apprendre qui vous êtes, de qui vous me parlez; enfin, ce que vous pouvez me vouloir; mon caractère ne peut consentir à se rendre le jouet ou le martyr de qui que ce puisse être. Parlez, ou je vous laisse. — J'étais, mademoiselle, la meilleure amie de M. de S., et la seule qu'il ait voulu voir la dernière année de sa vie : nous en avons, l'un et l'autre, compté tous les jours et toutes les heures, parlant de vous, en vous faisant tantôt un ange, tantôt un diable; moi, le pressant toujours de chercher à vous oublier; lui, protestant toujours qu'il vous aimerait au-delà même du tombeau.... Vos yeux, que je vois pleins de larmes, me permettent de vous demander pourquoi vous l'avez rendu si malheureux, et comment, avec une ame honnête et sensible, vous avez pu lui refuser la consolation de vous parler, de vous voir encore une fois?... — On ne commande pas au cœur. M. de S. avait du mérite

B

et des qualités estimables ; mais son caractère sombre, haineux, despotique, m'a fait craindre également sa société, son amitié et son amour. Pour le rendre heureux, il aurait fallu que je renonçasse à tout commerce humain, à mon talent même. J'étais pauvre et fière ; je veux, et j'espère que je voudrai toujours, ne devoir rien qu'à moi. L'amitié qu'il m'inspirait m'a fait tout tenter pour l'amener à des sentimens plus tranquilles et plus équitables ; n'en venant point à bout, persuadée que son entêtement provenait moins de l'excès de sa passion, que de la violence de son caractère, j'ai pris et tenu la ferme résolution de m'en séparer entièrement. J'ai refusé de le voir dans ses derniers momens, parce que ce spectacle aurait déchiré mon cœur ; parce que j'ai craint de me montrer trop barbare, en refusant ce qu'on pouvait me demander, et trop malheureuse, si je l'accordais : voilà, madame, les motifs de ma conduite : j'ose me flatter qu'elle ne m'attirera le blâme de qui que ce soit,

— Vous condamner, serait sans doute une injustice ; on ne doit de sacrifice qu'à ses sermens, ses parens, ses bienfaiteurs ; et sur ce dernier point, ce n'est pas vous, je le sais, qui deviez de la reconnaissance : et je vous assure que son ame était pénétrée de ce qu'il vous devait; mais son état et sa passion le maîtrisaient; et vos derniers refus ont hâté ses derniers momens. Il comptait toutes les minutes, lorsqu'à dix heures et demie son laquais vint lui dire que, décidément, vous ne viendriez pas. Après un moment de silence, il prit ma main, avec un redoublement de désespoir qui m'effraya. *La barbare !... elle n'y gagnera rien ; je la poursuivrai autant après ma mort, que je l'ai poursuivie pendant ma vie !...* Je voulus tâcher de le calmer; il n'était plus ! . . . .

Je crois, mon ami, n'avoir pas besoin de vous dire l'effet que ces dernières paroles firent sur moi; l'analogie qu'elles avoient avec toutes mes apparitions, me pénétra de terreur ; je crus que toutes les puissances infernales et célestes allaient se réunir pour tourmenter ma malheureuse vie; mais leur inaction, au moins apparente, le temps et ma raison plus fortifiée, ramenèrent le calme dans mes sens. Si rien ne meut cet univers, me disais-je, rien ne peut ramener un cadavre à la vie. S'il est un dieu, comme tout me l'atteste, il est la justice et la bonté même; il ne renvoie donc pas en ce triste et pénible monde ceux qu'il en a daigné retirer! Que suis-je? que puis-je, pour oser croire qu'il s'occupe à me faire des niches? Qu'il nous donne par quelque dérangement apparent de la nature, des avertissemens de sa colère ou de sa bonté, des moyens d'éviter le malheur et le crime ; ses soins peuvent être dignes du maître des humains: la masse entière du monde peut l'occuper. Mais chaque particulier est peut-être moins à son immensité, qu'un grain de sable n'est à nos foibles yeux. Adorons, méritons, ne prétendons rien.

Ce petit raisonnement, et quelques

retours sur moi-même, qui ne me trouvais ni pis, ni mieux de tout ce qui m'était arrivé d'extraordinaire, m'a tout fait attribuer au hasard... Je ne sais pas ce que c'est que le hasard; mais je ne puis nier que ce qu'on nomme ainsi, n'ait la plus grande influence sur tout ce qui se passe dans ce monde.

Respirez. Voilà mon histoire et mes réflexions finies. Faites de tout cela ce qu'il vous plaira d'en faire. Si vos intentions sont, que cet écrit sorte de vos mains, je vous prie d'en supprimer la lettre initiale du nom, et le nom entier de la province.

Je vous envoie mon original, pour que vous puissiez juger, d'après ce travail, tant au-dessus de mes forces, quel est mon inviolable et tendre attachement pour vous.

RÉFLEXIONS
SUR L'ART DRAMATIQUE.

On veut que j'écrive sur un art que j'ai long-temps professé. On croit que les réflexions que j'ai faites pour m'y rendre supportable, pourraient être de quelque secours à ceux qui se destinent à courir la même carrière; que peut-être le public, ou du moins les amateurs du spectacle verraient avec plaisir les routes que j'ai suivies pour parvenir à les émouvoir. Mais il est si différent de réfléchir ou d'écrire, il me paraît si difficile de me faire comprendre sans le secours de la physionomie, du geste ou de la voix, je me méfie si prodigieusement de moi-même, que je tremble autant en prenant la plume que je tremblais en paraissant devant le public. L'amitié m'impose la loi d'écrire, et mon ame sensible ne sut jamais lui résister. Sans aucun plan, et vraisemblablement sans aucune suite, mais sûrement sans prétention, je vais tracer ce que je juge nécessaire à cet art, beaucoup plus pénible et plus difficile qu'on ne croit.

La première étude de ceux qui se destinent au théâtre, doit être de s'examiner eux-mêmes.

Organe et Prononciation.

AYANT à se faire entendre de toutes les parties de la salle, il est indispensable d'avoir une voix forte et sonore.

Pour donner les nuances à tout ce qu'elle doit peindre, il faut qu'elle soit juste, moelleuse, facile, susceptible de toutes les intonations possibles.

La voix qui manque d'étendue ou de sensibilité, ne peut suffire à tous les rôles de grande passion, tels que ceux de Phèdre, Orosmane, etc.

Le grasseyement, le susseyment, des

tons faux, des sons secs, des accens de province, sont des obstacles insurmontables pour la véhémence, la noblesse, la justesse et la sensibilité de l'expression.

Les vers de Racine et de Voltaire, sont les plus doux et les plus harmonieux de notre langue; qu'à talent égal, on les fasse réciter par un organe libre, et par un organe défectueux, on verra que le libre n'ôte rien à leur beauté; maître d'élancer ses sons, de les précipiter, de les ralentir, de les éteindre; susceptible enfin de toutes les modulations, il laisse au vers, et son charme et sa pompe. L'autre, forcément, ralentit pour se faire entendre, ou ne donne que des sons inarticulés, s'il est rapide; valeur, véhémence, précision, harmonie, élégance, noblesse, tout est détruit.

Qu'on se rappelle tous les acteurs qu'on a vus; il ne fut jamais de grands talens avec ce défaut. Une jolie figure, un âge intéressant, des dispositions le font excuser quelquefois; mais la figure et les jeunes années passent: les espérances se réalisent rarement avec des disgraces tenant à la nature, et que l'âge ne fait qu'accroître. J'en donnerai Granval pour exemple. Ce comédien charmant, plein de grâces, d'esprit et de chaleur, avec qui ce qu'on nomme *décence théâtrale* a quitté la scène, qu'on ne remplacera peut-être jamais dans les petits-maîtres de bonne compagnie, et dans le haut comique, ayant la sagesse de ne se montrer que dans des rôles convenables à son âge, a été forcé de se retirer, avant cinquante ans, par le dégoût que son grasseyement inspiroit au public, dont il avait été l'idole. La jeunesse et la beauté en font une grâce de plus dans le monde ; mais c'est un défaut intolérable au théâtre.

Je conviens cependant qu'il est des cas où l'exception est indispensable. Le grand talent de Préville, offrant dans ses débuts même le comédien le plus agréable et le plus consommé, était au-dessus de toutes les loix.

Une seule imperfection ne peut rien

contre la réunion de la gaieté, de l'esprit, du savoir et des grâces, sur-tout dans le comique. Le bredouillement de Poisson, ajoutait peut-être encore à son talent, dans sa jeunesse. Mais se faire entendre est la première obligation du comédien, et celui qui grasseye ne doit avoir ni la volonté ni la permission de vieillir au théâtre.

FORCE.

Une bonne constitution est un point capital. Il n'est point de profession plus fatigante. Des nerfs, des poumons, un estomac délicats, ne peuvent suffire long-temps à la tragédie.

J'ai trouvé sur mon chemin beaucoup de jeunes auteurs et de belles dames qui pensaient que rien n'était plus facile que de jouer Mahomet, Mérope, etc.; que l'auteur avait tout fait; qu'apprendre les vers et s'abandonner à la nature était tout pour le comédien. *La nature!* que de gens prononcent ce mot sans en connoître l'étendue ! Chaque sexe, chaque âge, chaque état n'en a-t-il pas une à part? La différence des temps, des pays, des mœurs, des usages n'a-t-elle pas la plus grande influence? Quelle étude ne faut-il pas faire d'abord pour cesser d'être soi? pour s'identifier avec chaque personnage? pour parvenir à peindre l'amour, la haine, l'ambition, tous les sentimens dont l'homme est susceptible; et toutes les nuances, toutes les gradations par lesquelles ces divers sentimens arrivent à leur plus grande expression?

Tous les arts, tous les métiers ont des principes connus; il n'en existe point pour le comédien tragique. C'est dans l'histoire de tous les peuples du monde qu'il doit puiser ses lumières; la lire ne serait rien : il doit l'approfondir, se la rendre familière jusque dans les plus petits détails, adapter à chaque rôle tout ce que sa nation peut avoir d'originalité; il doit réfléchir sans relâche, répéter cent et cent fois la même chose, pour surmonter les difficultés qu'il rencontre à chaque pas. Ce n'est point assez d'étudier son rôle, il faut qu'il étudie l'ouvrage entier afin d'en masquer le faible, d'en faire sentir les beautés, et de subordonner son personnage à l'ensemble de la pièce; il doit étudier le goût du public, scruter le cœur de tous ceux qui l'approchent, démêler les rapports, les pourquoi de tout ce qu'il voit, de tout ce qu'il entend : tel est le travail secret du comédien.

Je suis loin de croire qu'on ne puisse pas aller beaucoup plus loin que moi. Plus d'esprit, plus de santé, peuvent faire trouver des moyens qui me sont échappés; mais je n'ai dû le peu que je pouvois valoir qu'au plan d'étude que je viens de tracer. J'étais née forte, courageuse ; le travail était un plaisir pour moi ; cependant ce n'est qu'en bravant les douleurs et la mort que j'ai pu compléter les vingt années imposées au comédien. Dans tout ce que je viens de dire, le plus terrible n'est point encore prononcé, c'est l'indispensable nécessité d'être continuellement pénétré des événemens les plus tristes et les plus terribles : l'acteur qui ne se les rend pas personnels, n'est qu'un écolier qui répète sa leçon; mais celui qui se les approprie, et dont les larmes constatent les recherches profondes, déchirantes de ses études, et l'oubli de sa propre existence, est certainement un être misérable, et j'ose avancer qu'il faut une force plus qu'humaine pour *bien jouer* la tragédie plus de dix ans.

A ces travaux il faut ajouter l'étude de différens talens, de diverses connaissances dont je parlerai dans la suite; il faut ajouter la fatigue des voyages de la cour; celle des répétitions, des lectures générales, des assemblées, des veilles nécessitées par les changemens qui surviennent dans les répertoires, des soins de ses vêtemens, de ses affaires domestiques, et la fatigue enfin des représentations. D'après cet exposé, je ne crois pas qu'on disconvienne de la nécessité d'avoir une constitution saine et forte. En me rappelant mon plan d'étude, j'espère qu'on me pardonnera de me rappeler aussi que j'ai souvent ri des sottises qu'on disait, en me reprochant d'avoir de l'art. Eh! que voulait-on que j'eusse? Etais-je, en effet, Roxane, Aménaïde ou Viriate? Devais-je prêter à ces rôles mes propres sentimens et ma façon d'être habituelle? Non sans doute. Que pouvais-je substituer à mes idées, mes sentimens, mon être enfin? L'art, parce qu'il n'y a que cela; et si jamais il m'est arrivé d'avoir l'air vraiment naturel, c'est que mes recherches, jointes à quelques dons heureux que m'avait fait la nature, m'avaient conduite au comble de l'art.

EXEMPLE

DE LA NÉCESSITÉ DE RAPPORTER TOUT A L'ART.

LA même actrice est ordinairement chargée des rôles d'Ariane et de Didon. Ces deux personnages ont à manifester le même amour, la même crainte et le même désespoir. Si l'on s'en rapportait à cette nature qu'on exalte si fort aujourd'hui, on pourrait croire que ce qui suffit à l'un de ces rôles suffit à l'autre : les différences en sont extrêmes. Didon est veuve et reine absolue ; son expérience et l'habitude de commander permettent de l'assurance dans ses yeux, de l'imposant dans sa voix, de l'emportement dans ses reproches. Ariane, fille fugitive, suppliante, doit baisser ses regards en disant : *Je vous aime* ; ses reproches doivent être faits d'une voix douce et craintive ; il faut que la pudeur ait l'air d'arrêter sans cesse les éclats de son désespoir, et qu'elle n'en permette le comble que sur la perfidie de sa sœur. D'après ces différens caractères, il faut arranger sa physionomie, l'habitude entière du corps, les gestes fiers ou moelleux, la démarche imposante ou modeste que ces différens caractères demandent. En bonne foi, parviendrait-on à tout cela sans art ?

Il est plus difficile de trouver de bons acteurs que de bonnes actrices. Les personnes qui se destinent au théâtre sont nées, pour la plupart, de parens obscurs et mal-aisés. L'impossibilité de faire de bonnes études, d'avoir des maîtres et des livres, la société dans laquelle la médiocrité force à vivre, étouffent le talent, qu'une autre position aurait pu développer et faire naître dans les hommes.

Les femmes ont plus d'avantages. A peu de chose près, l'éducation est la même pour tout le sexe qui n'est pas décidément peuple; un peu d'esprit, de figure et d'honnêteté leur acquiert presque toujours la protection des femmes, et les hommages des hommes; l'indulgence et la galanterie les encouragent; les arts, les talens, s'offrent en foule à l'émulation des jeunes filles; elles sont plus facilement admises dans les sociétés des gens de lettres, et de ce qu'on nomme bonne compagnie; elles voient, elles entendent, elles peuvent comparer: leurs idées se débrouillent, leur raison se forme, leurs connaissances s'accumulent, et quand l'esprit et la beauté les secondent, leur adresse, leur sensibilité, la finesse et la vivacité de leur
apperçu

apperçu, quelques exemples, et ce sentiment inné chez elles qu'il n'est rien à quoi elles ne puissent prétendre, leur donnent le pouvoir de paraître tout ce qu'elles veulent.

Voyez ce que sont primitivement les femmes qu'on destine au sérail du Grand-Seigneur, et ce qu'elles deviennent lorsque la préférence les tire de la foule des esclaves. Racine les a toutes peintes dans le rôle de Roxane, et toute femme qui s'ingénie pour être quelque chose, doit se reconnaître dans ce rôle.

Depuis que le théâtre existe, on ne peut compter que trois acteurs dans le grand genre :

Baron, Dufrêne et le Kain.

Baron eut l'avantage d'être élevé par Molière. Il avait de l'esprit, une figure imposante, et passait sa vie avec ce que la France avait de plus illustre.

Comme les autres acteurs, il cadençait et déclamait les vers dans ses jeunes années, mais à force de s'exalter lui-même, de s'égaler, autant qu'il le pouvait, aux premiers personnages de l'état qui l'admettaient près d'eux, la simple et véritable grandeur lui devint familière : il la porta dans tous ses rôles, et c'est à lui qu'on doit les premières leçons de cette vérité, qu'il est toujours si difficile d'atteindre.

Dufrêne, plus éblouissant que profond ; noble, mais jamais terrible ; plein de chaleur, mais sans ordre, sans principes, sans aucun de ces grands traits qui caractérisent le génie, n'a pu devoir ses succès qu'aux suprêmes beautés de toute sa personne et de son organe ; et l'on ne peut disconvenir que le public de ce temps-là n'exigeait pas ce qu'il exige aujourd'hui.

Le Kain, simple artisan, n'ayant qu'une figure déplaisante et sale, une taille mal prise, un organe sourd, un tempérament faible, s'élance de l'atelier au théâtre ; et sans autre guide que le génie, sans autres secours que l'art, se montre le plus grand acteur, le plus beau, le plus imposant, le plus intéressant des hommes. Je ne compte ni ses premiers essais, ni ses derniers efforts: dans les uns, il doutait, tentait, se trompait souvent, et cela devoit être; dans les autres, ses forces ne secondaient plus ses intentions; faute de moyens, il était souvent lent et déclamateur; mais son bon temps est ce qu'on a jamais vu de plus approchant de la perfection.

Sans prévention pour ou contre, je dois pourtant avouer qu'il ne jouait pas également bien tous les auteurs.

Il ne savait pas débiter Corneille; les rôles de Racine étaient trop simples pour lui. Il ne jouait bien de l'un et de l'autre que quelques scènes qui permettaient à son ame les grands élans dont elle avait toujours besoin.

Sa perfection n'était complette que dans les seules tragédies de Voltaire. Ainsi que l'auteur, il se montrait continuellement noble, vrai, sensible, profond, terrible ou sublime. Les talens de le Kain étaient alors si grands, qu'on ne s'appercevait plus des disgraces de son physique.

Il avait fait d'excellentes études ; il savait plusieurs langues, lisait beaucoup et jugeait bien : mais sans art, il n'eût jamais rien été.

Revenons à nos principes, dont je me suis peut-être trop écartée. Tous les hommes n'ont pas un génie créateur. Tâchons de frayer des routes à ceux qui ne savent pas s'en faire, et reprenons notre examen.

MÉMOIRE.

Ce n'est qu'en variant les spectacles qu'on peut espérer de faire de bonnes recettes ; il faut donc avoir beaucoup d'ouvrages prêts, et par conséquent pouvoir compter sur la mémoire des comédiens.

On n'en devrait recevoir aucun qu'il ne prouvât savoir la moitié de l'emploi pour lequel il se présente, ou du moins sans avoir exigé des preuves d'une mémoire prompte et sûre.

L'acteur qui n'a qu'une mémoire ingrate et lente, et qui ne sait rien encore, suffit à peine à l'étude des vers ; il ne lui reste plus de temps pour réfléchir ; toute recherche lui devient impossible : restreint alors aux seules idées du moment, sans principes, sans moyens de comparaison, hors d'état d'agrandir sa sphère, il met à tout la même teinte, et reste forcément au-dessous de tout ce qu'il représente.

On peut, sans culture, avoir un esprit naturel, et rencontrer quelquefois des vérités simples et touchantes. On a beaucoup de rôles au théâtre auxquels cet esprit suffit.

Britannicus, Iphigénie, Hyppolite, Palmyre, pourvu toutefois qu'on joigne à cet esprit naturel de la jeunesse, un son de voix touchant, des pleurs faciles et de la grâce ou de la beauté ; mais ce genre de rôles n'est jamais que le partage de la faiblesse et de la médiocrité. Ceux d'Agrippine, d'Achille, de Phèdre, de Mahomet, exigent un autre esprit.

Les personnes chargées de ces rôles

ont autant de recherches à faire pour les bien jouer, que les auteurs en ont fait pour les bien peindre.

Sans une mémoire dévorante, sûre, inaltérable, il serait impossible que le comédien pût unir des études si profondes à ses travaux journaliers; le génie seul serait insuffisant, et je doute qu'on puisse avoir du génie et même beaucoup d'esprit sans une grande mémoire.

Sans génie, sans esprit même, on peut apprendre avec facilité; si l'on joint à cela du bon sens, de la docilité, un organe flexible, un extérieur noble ou décent, on peut se placer dans les confidens; de grands acteurs seraient déplacés dans cet emploi, parce qu'ils y porteraient trop de prétention.

Pour soutenir l'illusion théâtrale, il faut que chaque personnage apporte autant de soin à rester dans ses limites qu'on en apporte dans le monde à les franchir. D'après ces trois points, on peut, en s'examinant soi-même, se dire ce qu'on est en droit d'entreprendre.

EXTÉRIEUR.

LES mœurs anglaises permettent au théâtre les plus rebutantes vérités ; on y représente Richard III avec toutes les défectuosités qu'il tenait de la nature. Comme il est plus facile de se gâter que de s'embellir ; qu'il faut moins d'efforts pour avoir l'air commun que pour avoir l'air imposant ; que qui se permet tout, a bien plus de ressources que celui qu'on oblige à n'avoir qu'un genre, j'ose croire l'art du comédien moins difficile à Londres, qu'à Paris. Le parterre français n'admet dans la tragédie que des figures élégantes et nobles ; il rirait en voyant une bosse et des jambes torses au personnage qui doit exciter sa terreur ou sa pitié. Tout le monde sait que le plus grand monarque peut être aussi mal fait, aussi laid, avoir l'air aussi commun que le dernier paysan de son royaume ; que les besoins corporels, les maux physiques, les habitudes familières semblent le rendre égal à tous les autres hommes ;

mais, quel qu'il soit, le respect que son rang imprime, le sentiment de crainte ou d'amour qu'il inspire, le faste dont il est entouré rend toujours son aspect imposant.

La tragédie n'offre que les plus grands tableaux de la politique, des forfaits, des vertus et des malheurs des maîtres du monde ; tous les personnages en sont nobles, toutes les actions entraînantes, les accessoirs somptueux ; mais ce n'est qu'un spectacle : on le sait ; et sans le concours de toutes les illusions possibles, le public ne voit, n'entend que l'acteur, et perd la douceur d'être trompé.

On annonce Achille, Horace, un héros quelconque qui vient de gagner une bataille en combattant presque seul contre des ennemis formidables, ou bien un prince si charmant que la plus grande princesse lui sacrifie sans regret et son trône et sa vie..... et l'on voit arriver un petit homme fluet, décharné, d'une figure hideuse, sans force, sans organe (1) : Que devient alors l'illusion ? Je ne puis en-

(1) Le sieur Monvel.

core le concevoir ; mais j'ai vu cette caricature, que je viens de peindre, avoir l'audace de tout entreprendre, et recevoir des applaudissemens effrénés....

O vous, qui vous destinez à cette épineuse carrière! gardez-vous de vous rassurer sur cet exemple : l'erreur du public n'a que des momens; il est, en général, éclairé, sévère, en état de juger, de former même de grands talens. Un parterre assis peut ramener l'ordre, la décence et les lumières. Quelque vil, quelqu'impudent que soit l'homme qui se vend pour cabaler, on doit espérer de le voir disparaître, en lui ravissant les moyens de se perdre dans la foule. Plus de commodité, plus de calme, ramèneront les gens de goût. Les acteurs, réduits à leur seule valeur, s'occuperont plus sérieusement de leur devoir ; ils sentiront la nécessité de mériter des applaudissemens, qui ne pourront plus s'acheter, et qui sont la seule consolation de leur état!

Ayez donc tout ce qu'il faut pour plaire;

ne vous présentez jamais au théâtre, sans avoir reçu de la nature tous les dons que cet état demande, ou du moins sans avoir les moyens et la volonté de trouver, à force d'art et d'étude, l'équivalent de ce que la nature vous aura refusé.

Voici ce que je désirerais pour les personnages de la tragédie.

TYRANS.

Dans l'emploi des tyrans, je voudrais un homme de très-grande taille, maigre, ayant l'œil creux, le regard errant, les sourcils épais, la physionomie sombre, ne parlant, ne gesticulant jamais qu'avec l'air de la méfiance, et n'offrant, dans tout son ensemble, qu'un homme continuellement dévoré de projets et de remords.

Il me semble que le comédien qui posséderait, ou parviendrait à se donner cette façon d'être, n'aurait plus après qu'à dire les vers; les trois-quarts de ses études seraient faites.

Rois.

Je voudrais pour l'emploi qu'on appelle à la comédie, *l'emploi des rois*, une taille majestueuse, une physionomie vénérable, un son de voix imposant, dont les accens pussent être sévères et doux à volonté; une démarche et des mouvemens nobles et mesurés; enfin, un ensemble qui me peignît l'habitude du commandement, l'indulgence de l'expérience et la sérénité des vertus.

Premier Rôle d'Homme.

Le premier rôle en homme doit avoir une taille au-dessus de la moyenne; n'être ni gras, ni maigre : la graisse est ignoble au théâtre, et la maigreur a l'air mesquin. Il faut qu'il soit bien pris dans sa taille, et qu'elle n'ait aucune défectuosité sensible; qu'elle annonce la force et qu'elle soit élégante.

S'il est beau, tant mieux, pourvu que ce soit une beauté mâle: des traits délicats seraient un défaut.

Cet emploi demande la plus grande expression, la plus grande mobilité dans la physionomie : il faut qu'elle soit en état de tout peindre. Le visage qui reste immobile, prouve que l'ame ne sent rien; le forcé, prouve l'ignorance. Mais quels que soient le savoir et l'intelligence, il faut que la nature les seconde. La physionomie n'est expressive qu'avec de grands traits, l'œil bien ouvert, le sourcil marqué, la bouche un peu saillante et des cheveux bruns. Les petits traits se confondent à très-peu de distance ; un petit œil peut être fin, spirituel, mais jamais imposant; la bouche renfoncée ne peut jamais exprimer la douleur ; et la couleur blonde est fade au théâtre.

JEUNES PREMIERS RÔLES D'HOMMES.

L'EMPLOI des jeunes premiers rôles ne demande point autant de forces et de recherches, si c'est à lui seul qu'on veuille s'en tenir. Cependant il est des rôles dans cet emploi, tels que le Cid, don Pèdre dans Inès, Scïde dans Mahomet, qu'on ne peut rendre sans le plus grand talent. Mais le public excuse les fautes qu'on y peut faire, lorsque ce sont de jeunes commençans qui les jouent; il sait que ce n'est qu'après de très-longues études qu'on peut parvenir à vaincre les difficultés; en lui prouvant de l'intelligence, il encourage et se montre indulgent. Mais comme c'est par cet emploi qu'on s'essaie, qu'on s'enhardit aux rôles les plus difficiles; que qui jouit d'un succès se flatte aisément de les mériter tous; que la fable de la grenouille est l'histoire de beaucoup de comédiens, je voudrais qu'on n'en reçût jamais un qu'il n'eût tous les moyens nécessaires pour tout tenter.

CONFIDENS.

LES supérieurs du spectacle et les comédiens mêmes croient que le premier venu suffit aux rôles de confidens. Je suis loin de penser ainsi ; cet emploi demande une intelligence très-fine et très-attentive; de plus, ils représentent presque tous des gouverneurs, des princes, des ministres, des généraux, des ambassadeurs, des capitaines des gardes, ou des favoris; ils sont les dépositaires de tous les grands secrets : on les charge des ordres les plus importans. Est-il possible que tout cela convienne à des jeunes gens ? à des êtres sans noblesse, sans maintien, et souvent de l'ignorance la plus profonde ?

Cet emploi, souvent trop négligé par les auteurs, demande des acteurs adroits, décens, imposans même, pour ne pas exciter le rire dans des vers dont la tournure a vieilli, dans des monosyllabes toujours très-difficiles à bien dire. Les récits exigent un organe susceptible de toutes les intonations, une physionomie en état de tout peindre; il faut donc être infiniment scrupuleux sur le choix des personnes qui doivent jouer cet emploi, et n'en plus faire la place d'un protégé. La sottise et l'ignorance doivent être attentivement bannies du théâtre.

Je me souviens qu'étant très-malade, ayant Ariane à jouer, et craignant de ne pas suffire à la fatigue de ce rôle, j'avais fait mettre un fauteuil sur le théâtre pour m'en aider en cas de besoin. Les forces en effet me manquèrent au cinquième acte, en exprimant mon désespoir sur la fuite de Phèdre et de Thésée; je tombai dans le fauteuil, presque sans connaissance. L'intelligence de mademoiselle Brilland, qui jouait ma confidente, lui suggéra d'occuper la scène par le jeu de théâtre le plus intéressant : elle vint tomber à mes pieds, prit une de mes mains, qu'elle arrosa de larmes ; ses paroles, lentement articulées, interrompues par des sanglots, me donnèrent le temps de me ranimer; ses regards, ses mouvemens me pénétrèrent, je me précipitai dans ses bras; et le public, en larmes, reconnut cette intelligence par les plus grands applaudissemens.

Une actrice ordinaire eût répondu tout de suite, et la pièce n'eût point été achevée.

Division des Rôles de Femmes.

Tous les rôles de femmes, sans exception, exigent l'ensemble le plus noble : ce sont des reines, des princesses, ou des femmes de la plus grande dignité. Je les divise en quatre genres :

Mères, rôles forts, rôles tendres, confidentes.

Il est rare que la même actrice ait la force et le talent de les jouer tous ; d'ailleurs, la même pièce présente quelquefois trois de ces genres réunis. Il faut donc indispensablement qu'il y ait, en même-temps, trois actrices, et que chacune d'elles ait en chef un de ces emplois.

Mères.

Je voudrais que celles qui se destinent aux rôles de mères qui ont de grands enfans, telles que Cléopâtre, Agrippine, Sémiramis, ne fussent plus de la première jeunesse.

Jusqu'à vingt ans, il me paraît impossible

possible d'avoir d'autres connaissances que celles des devoirs de son sexe, des sentimens de la nature, et d'une partie du pouvoir de l'amour.

L'étude du cœur humain, et des différentes passions qui le remplissent, demande une raison formée par le temps, les réflexions, les exemples, l'expérience enfin.

On n'acquiert cette connaissance qu'à force d'âge, je le sais bien ; mais le public ne doit jamais demander à ceux qui commencent, que des espérances fondées. Qui saurait beaucoup, ne se présenterait sûrement pas au théâtre. Les préjugés et le despotisme rendent cet état trop odieux : l'heureux âge où l'on s'ignore est le seul qui le justifie. Mais je voudrais qu'on ne jouât pas les rôles de mères avant l'âge de vingt-cinq ans; qu'on eût au moins des restes de beauté; que la taille fût au-dessus de la médiocre. Les petites femmes sont rarement imposantes; les trop grandes manquent trop souvent de grâces, et l'on en voit

D

peu, sans quelques disproportions dans l'ensemble. De plus, les convenances théâtrales ne permettent pas que la taille des hommes y soit absorbée par celle des femmes.

RÔLES FORTS.

DANS ce que j'appelle rôle fort, comme Emilie, Electre, Hermionne, je désire le plus grand caractère de fierté dans tout l'ensemble, la physionomie la plus mobile, et l'organe le plus imposant; que la démarche, le regard, tous les mouvemens quelconques, annoncent le courage, et même l'audace; mais il faut bien se garder de confondre l'air de l'audace avec celui de la hardiesse; le premier naît souvent de l'élévation de l'ame, et l'autre n'annonce presque jamais que sa dégradation. La noblesse du sang, la pureté des mœurs, la modestie du sexe, ne doivent jamais disparaître; on en doit retrouver les habitudes dans les plus grands emportemens de l'amour, du désespoir et de la vengeance.

On dit que la nature n'a qu'un cri. Soit, pourvu que le maintien m'apprenne quel est le rang, quels sont les mœurs de l'être qui prétend m'émouvoir.

Chaque état a des modifications différentes. Le mercenaire n'a pas le maintien du bourgeois qui l'emploie ; le bourgeois est timide devant un grand seigneur ; la noblesse n'approche de ceux qui la commandent qu'avec l'air de la subordination, et tous, sans exception, baissent un œil respectueux devant le maître.

Le théâtre n'est que la représentation de ce qu'on voit de plus imposant dans le monde. La pureté des expressions qu'on emploie dans la tragédie, l'importance des événemens, la dignité des personnages prouvent assez que rien n'y doit être arbitraire; qu'on n'y doit jamais souffrir l'air d'indécence et le ton trivial ; que ce n'est point dans les mœurs populaires et licencieuses qu'il faut aller chercher ses modèles, et qu'il est impossible d'unir, dans un même cadre, un Raphaël et un Calot.

RÔLES TENDRES.

Les rôles tendres exigent une physionomie douce, un son de voix touchant, des pleurs faciles, des gestes moelleux et peu fréquens, un ensemble modeste, une démarche mesurée, une taille élégante, et, s'il se peut, dans la proportion des tailles médiocres. Les petites femmes paraissent jeunes plus long-temps, et tout ce qui semble tenir encore à l'enfance, émeut avec plus de facilité.

La plus grande partie de cet emploi, ne présente que de jeunes filles sans expérience, timides, osant à peine s'avouer l'amour qu'elles ressentent, et celui qu'elles inspirent. J'invite l'actrice chargée de cet emploi, à ne jamais perdre de vue l'air de pureté, de candeur, que son âge et son rang exigent. En peignant ce que l'amour peut inspirer de plus tendre, il faut éviter, avec soin, tout ce qui peut peindre la volupté. Le ton, le maintien, le regard d'une femme coquette ou galante, ne peuvent jamais convenir à l'innocence. La tragédie doit être l'école des mœurs pures, comme elle l'est des grandes actions.

CONFIDENTES.

JE désire, pour l'emploi des confidentes, une femme d'un âge fait pour inspirer de la confiance, d'une physionomie sage, décente, ne portant jamais ses regards hors de la scène, et paraissant y prendre assez de part, pour tenir son coin dans le tableau; mais sans prétendre, toutefois, en être un des principaux personnages, à moins d'un cas semblable à celui que j'ai cité.

VÊTEMENS.

JE demande, à toutes les femmes en général, l'attention la plus scrupuleuse à leurs vêtemens : le costume ajoute beaucoup à l'illusion du spectateur, et le comédien en prend plus aisément le ton de son rôle; cependant le costume, exactement suivi, n'est pas praticable ; il serait indécent et mesquin. Les draperies d'après l'antique, dessinent et découvrent trop le nu ; elles ne conviennent qu'à des statues et des tableaux ; mais, en suppléant à ce qui leur manque, il en faut conserver les coupes, en indiquer au moins les intentions, et suivre, autant qu'il est possible, le luxe ou la simplicité des temps et des lieux. Des bandelettes, des fleurs, des perles, des voiles, des pierres de couleur, étaient les seuls ornemens que les femmes connussent avant les établissemens du commerce des Indes, et la conquête du Nouveau-Monde.

Je désire sur-tout qu'on évite, avec soin, tous les chiffons, toutes les modes du moment. La coiffure des Françaises, à l'instant où j'écris, l'amas et l'arrangement monstrueux de leurs cheveux, donnent à leur ensemble une disproportion choquante, dénaturent leur physionomie, cachent le mouvement du cou, et donnent l'air hardi, enfoncé, roide et sale. La seule mode à suivre, est le costume du rôle qu'on y joue.

On doit sur-tout arranger ses vêtemens d'après les personnages ; l'âge, l'austérité, la douleur rejettent tout ce que permet la jeunesse, le désir de plaire, et le calme de l'ame. Hermione avec des fleurs serait ridicule: la violence de son caractère et le chagrin qui la dévore, ne lui permettent ni recherches ni coqueterie dans sa toilette ; elle peut avoir un habit magnifique, mais il faut que l'air le plus négligé dans tout le reste, prouve qu'elle ne s'occupe point d'elle-même. Le premier coup-d'œil que le public jette sur l'actrice, doit le préparer au caractère qu'elle va développer.

DANGER DES TRADITIONS.

L'IGNORANCE et la fantaisie font faire tant de contre-sens au théâtre, qu'il est impossible que je les releve tous ; mais il en est un que je ne puis passer sous silence, c'est de voir arriver Cornélie en noir.

Le vaisseau dans lequel elle fuit, le peu de momens qui se sont écoulés entre l'assassinat de son époux et son arrivée à Alexandrie, n'ont pu lui laisser le temps et les moyens de se faire faire des habits de veuve, et certainement les dames romaines n'avaient point la précaution d'en tenir de tout prêts dans leur bagage. La célèbre Lecouvreur, en se faisant peindre dans ce vêtement, prouve qu'elle le portoit au théâtre; ce devroit être une autorité imposante pour moi-même; mais d'après la réputation qui lui reste, j'ose croire qu'elle n'a fait cette faute que d'après quelque raison que j'ignore, et qu'elle-même en sentoit tout le ridicule. J'ai vu jouer Electre en habit couleur de rose, garni très-élégamment en jai et noir, j'en ai conclu que toute tradition n'était pas bonne, et qu'il n'en falloit suivre aucune sans l'examiner.

Sur le blanc.

L'usage du blanc est aujourd'hui presque général sur tous les théâtres. Cet éclat emprunté, dont personne n'est la dupe, et contre lequel tous les gens de goût murmurent, grossit et jaunit la peau, éteint et cercle les yeux, absorbe la physionomie, fait disparaître la précieuse mobilité des muscles, et met continuellement ce qu'on entend, en contradiction avec ce qu'on voit.

J'aimerais autant ramener l'usage des masques des anciens ; on y gagneroit au moins, pour l'étude de sa diction, le temps qu'on perd à se faire un visage. La terreur, la suffocation de la rage, les éclats de la colère, les cris du désespoir peuvent-ils s'accorder avec un visage plâtré, sur lequel rien ne se peut peindre ?

Tous les mouvemens de l'ame doivent se lire sur la physionomie : des muscles qui se tendent, des veines qui se gonflent, une peau qui rougit, prouvent une émotion intérieure, sans laquelle il n'est jamais de grand talent. Il n'est point de rôle qui n'ait des jeux de visage de la plus grande importance : bien écouter, montrer par les mouvemens du visage que l'ame s'émeut de ce qu'on entend, de ce qu'on dit, est un talent aussi précieux que celui de bien dire.

C'est par la physionomie seule qu'on peut fixer la différence de l'ironie au persiflage. *

Des sons plus ou moins étouffés, plus ou moins tremblans, ne suffisent pas pour exprimer tel ou tel sentiment de terreur, tel ou tel sentiment de crainte; la physionomie seule peut en marquer le degré.

Comme ce sont mes études qu'on veut connaître, je crois pouvoir placer ici ce qui m'est arrivé pour le rôle de Monime.

En apprenant ce rôle, je trouvai dans le quatrième acte :

Les Dieux qui m'inspiraient et que j'ai mal suivis,
M'ont fait taire *trois fois* par de secrets avis...

et dans l'acte précédent où Mithridate lui fait avouer son secret, il est impossible de trouver plus de deux réticences.

J'ai consulté toutes les éditions de Racine, toutes disent trois, toutes les actrices à qui j'ai vu jouer ce rôle, disaient *trois*, toutes les recherches que j'ai faites m'ont assuré que mademoiselle Lecouvreur disait *trois* ; quoique *deux* soit un peu plus sourd que *trois*, il fait également la mesure du vers, et n'en détruit point l'harmonie. Il était à présumer que Racine avait eu des raisons pour préférer l'un à l'autre ; mais nulle tradition ne m'éclairait, il ne m'appartenait pas de corriger un si grand homme, je ne pouvais pas non plus me soumettre à dire ce que je regardais comme une faute. J'imaginai de suppléer à la troisième réticence par un jeu de visage. Dans le couplet où Mithridate dit :

Servez avec son frère,
Et vendez aux Romains le sang de votre père,

je m'avançai avec la physionomie d'une femme qui va tout dire......... et je fis à l'instant succéder un mouvement de crainte qui me défendait de parler.

Le public qui n'avait jamais vu ce jeu de théâtre, daigna me donner, en l'approuvant, le prix de toutes mes recherches.

Si j'avais mis du blanc je n'aurais pu rien demander à ma physionomie, j'aurais perdu la douceur d'être applaudie, et la gloire de deviner Racine.

Je consens qu'on aide la nature; j'ai souvent moi-même cherché des secours: toujours malade et n'interrompant jamais mes travaux, la pâleur de la mort étoit souvent sur mon visage ; j'avais remarqué dans les autres que rien ne nuit à l'air de fraîcheur, à l'expression, comme des oreilles et des lèvres pâles: un peu d'art leur rendait la vie. J'adoucissais ou noircissais mes sourcils d'après le caractère que mon rôle exigeait : avec des poudres de différentes couleurs je faisais la même chose à mes cheveux ; mais loin de cacher les ressorts qui font mouvoir la physionomie, j'avais fait une étude particulière de l'anatomie de la tête pour les mettre plus facilement en valeur (1).

(1) Ceux qui ne pourront pas faire cette étude, feront bien de lire la Description de l'âge viril de l'homme, dans l'*Histoire Naturelle de*

Une peau blanche est sans doute agréable, elle communique sonéclat à toute la figure, elle donne l'air plus frais, plus net; les veines qu'elle découvre sont presque toujours des beautés, mais elle donne aussi quelquefois l'air languissant et lâche.

La blancheur factice a nécessairement une épaisseur qui cache tout, qui détruit tout. Les pores remplis par le blanc, le talc ou la poudre, donnent de la roideur à la peau; et la crainte de se déranger par trop d'action, fait que le visage reste toujours immobile. D'ailleurs je ne sais point de coquetterie plus gênante, plus humiliante et plus inutile; on craint toujours d'être prise au dépourvu, on ne peut s'approprier le compliment qu'on reçoit pour sa figure; et, je le répète, personne n'en est la dupe.

M. de Buffon, vol. IV, pages 278 et suivantes, édition *in*-8°.

TALENS QU'ON PEUT ACQUÉRIR.

Danse et Dessin.

Pour bien marcher, pour se présenter avec noblesse, gesticuler avec grace et facilité, pour se donner de l'aplomb et de l'ensemble, pour n'avoir jamais d'attitude qui contrarie la nature, il est indispensable de s'instruire à fond de la danse noble et figurée ; il faut bien se garder d'apprendre à former des pas, et d'avoir l'air arrangé d'un danseur; mais le reste de son art est de toute nécessité.

Il serait à souhaiter que tous les acteurs eussent au moins un peu de connaissance du dessin, ils sentiraient plus aisément l'importance de l'ensemble de toute une figure; le pittoresque, toujours nécessaire au théâtre, leur serait plus facile à trouver, et pour leurs attitudes et pour leurs vêtemens. Dans les pièces à spectacle, on disposerait plus savamment, et d'une façon plus piquante, les groupes, les masses, qui toujours doivent faire tableau, et mettre en valeur les principaux personnages ; mais au défaut de cette connaissance, j'invite les comédiens à consulter au moins les peintres et les sculpteurs fameux.

Musique.

Sans prétendre approfondir la musique il en faut apprendre les élémens, afin de connnaître l'étendue de sa voix, de se rendre toutes les intonations faciles, d'éviter les discordances, de graduer ses sons, de les soutenir, de les varier, et de donner aux accens aigus ou plaintifs la modulation qui leur est nécessaire.

Sans cette étude, il est presque impossible de bien jouer Corneille : il est ou si grand ou si familier, que sans l'extrême sûreté de ses intonations, on court le risque de paroître ou gigantesque ou trivial.

Langue, Géographie, Belles-Lettres.

L'étude de la langue est la plus importante de toutes. Le théâtre doit être l'école des étrangers, et de cette partie de la nation qui n'a ni le temps ni le moyen d'avoir des maîtres.

Il est incroyable que des personnes, choisies pour représenter les chefs-d'œuvres de la nation, ne sachent pas souvent la valeur d'une longue et d'une brève; qu'elles ne mettent aucune différence entre le singulier et le pluriel; qu'elles confondent les genres, qu'on n'entende jamais leurs terminaisons féminines, et que des accens provençaux, gascons, picards, anéantissent la mélodie, la noblesse et la pureté de notre langue. Tel est cependant le plus grand nombre des comédiens. Qui ne sait pas la valeur des mots ne peut atteindre à la valeur des choses; s'il rencontre, ce n'est que par hasard, et je ne puis concevoir comment MM. les gentilshommes de la chambre reçoivent,

reçoivent, comment le public tolère les sujets qui se présentent avec ces défauts ou cette honteuse ignorance.

On ne peut lire fructueusement l'histoire sans savoir la géographie; et le droit de juger les auteurs qui travaillent pour le théâtre, fait un devoir au comédien de se donner toutes les connaissances qui peuvent le mettre en état de prononcer, pour juger, sur une seule lecture, du mérite d'un ouvrage qui coûte au moins une année de travail. Une connaissance approfondie des effets et des règles du théâtre, une oreille exercée, un goût sûr, un esprit sage, fin, attentif, ne sont point encore assez ; il faut savoir la fable, l'histoire, la géographie, la langue; il faut connaître tous les genres de poésie, et tous les auteurs dramatiques, anciens et modernes. Où peut sentir alors si l'auteur a profité de son sujet, s'il a tiré parti des temps, des lieux, des caractères; s'il est créateur, imitateur ou plagiaire. Une approbation n'est flatteuse, une critique n'est supportable qu'autant qu'on

E

est en état de motiver l'une et l'autre. Ce n'est pas assez d'avoir le droit de recevoir ou de rejeter un ouvrage, il faut se montrer digne de le juger. Environ deux ans avant ma retraite du théâtre, j'ai vu commencer la ligue de quelques auteurs, pour se soustraire au jugement des comédiens; cette prétention de vouloir disposer de la fortune et de la volonté d'une société, sans laquelle, au fond, les auteurs dramatiques ne seraient rien, était autant injuste que le prétexte en était faux et malhonnête.

A moins qu'un ordre suprême ne casse les statuts des comédiens, il est impossible qu'aucun d'eux consente jamais à cette injustice et à cet avilissement. Corneille, Racine, Voltaire, n'ont point demandé d'autre tribunal ; leurs ouvrages immortels n'avaient pourtant pas besoin, comme ceux de nos jours, de l'illusion du théâtre et des talens des acteurs. *Les comédiens les volaient*, disaient ces messieurs ; *leur faible rétribution en était la marque certaine.* Je puis répondre à ces deux points, d'une façon sans réplique, au moins pour les vingt et deux ans où j'ai connu la gestion de la comédie.

Les registres prouvent, d'après les états de recette et de dépense, que nonseulement les comédiens n'eurent jamais la bassesse de s'approprier le bien des auteurs, mais que souvent, quoique très-malheureux eux-mêmes, ils ont diminué de leur part pour augmenter celle des auteurs, et donner même gratuitement des secours à plusieurs d'entr'eux. Ces mêmes registres prouvent que Cinna, Iphigénie, Mahomet n'ont jamais tant produit aux auteurs, que Venise Sauvée, Zelmire, Warwick, la Veuve du Malabar, Varron même. On voit malheureusement dans tous les états que plus l'insuffisance se manifeste, et plus les prétentions augmentent.

Je ne veux point mêler aux faibles réflexions que je fais sur l'art de la tragédie, la discussion trop sérieuse des foudres de l'église gallicane, et du pouvoir arbitraire sous lequel gémissent huit à dix mille français qui jouent la comédie. J'ai pris ce métier dans un âge où l'on ne se connaît point encore soi-même ; j'ai rempli du mieux que je l'ai pu la tâche que l'autorité m'imposait, sans rougir d'une profession qui n'a certainement rien d'avilisant par elle-même. Le moment de ma liberté m'a paru le plus précieux de ma vie. Rentrée dans tous mes droits de citoyenne, je me contente de déplorer le malheur de ceux qui sont encore dans l'esclavage ; je me tais et me console, en lisant Epictète, de tous les hasards de la nature et du sort; mais je ne puis concevoir comment des auteurs, obligés de capter la bienveillance des comédiens, vivant avec eux, partageant leurs travaux et leur salaire, nés pour la plupart dans la plus chétive bourgeoisie, s'aveuglent au point de se réunir aux sots, à la populace, pour insulter ceux qui les font vivre, connaître et souvent valoir.

Ces procédés sont d'autant plus bizarres, qu'on voit chaque jour la lumière de la raison surmonter les préjugés ; l'état de comédien ne trouve plus autant d'obstacles qu'il en rencontrait autrefois.

Molière, à qui l'Europe entière élève des autels, ne fut pas jugé digne d'être de l'académie ; et de nos jours, nous lisons dans ses fastes le simple nom de Dubelloy. L'égalité d'état et la différence inappréciable du mérite de ces deux hommes, n'est-elle pas la preuve la plus forte de la révolution des esprits ?

J'avoue que les auteurs qui travaillent pour le théâtre ont souvent raison de n'être point contens de leurs juges ; il est injuste de récuser tous les comédiens ; il est juste de vouloir que tous ne soient pas admis pour juger. On peut dire très-joliment : *ma bonne, j'ai tant vu le soleil!* et n'en pas savoir assez pour oser prononcer sur un grand ouvrage.

Sans égard pour l'ancienneté, le sexe, l'emploi, la protection et le droit qui permet au plus ignorant d'avoir une voix aussi prépondérante que le plus éclairé, je voudrais qu'on fît un conseil de dix où douze comédiens, dont le goût, le savoir, l'expérience seraient le mieux reconnus, pour les faire juges de toutes les grandes affaires. Ce seroit là qu'on irait lire; et que dans le calme de cette assemblée, on pourrait donner des avis, prescrire des corrections, motiver des refus.

Il faudrait bannir le scrutin et les billets sans nom. Qui n'a que des choses honnêtes et raisonnables à dire, doit dire hautement son avis. Quelle que soit la vanité d'un auteur, il ne peut prétendre qu'une société lui fasse le sacrifice de ses lumières et de ses intérêts; il ne peut pas penser non plus que les comédiens refusent un ouvrage digne d'intéresser le public, d'accroître leur fonds et de doubler leur recette. Les ouvrages joués depuis quinze ans, ne prouvent que trop leur disette et leur bonne volonté.

Le refus et l'acceptation pure et

simple, laissent si peu de pâture à la vanité, qu'on est toujours choqué de l'un, et rarement sensible à l'autre. L'assemblée générale ne permet point de discussion ; mais ce petit conseil en fait un devoir indispensable : en motivant, il pourra donner des espérances, des consolations à l'auteur éconduit, et doubler le plaisir de celui dont il recevra la pièce, en prouvant qu'il est digne de le juger.

L'assemblée générale de la comédie, ne peut être mieux peinte que par ces vers de madame Pernelle :

On n'y respecte rien, chacun y parle haut,
Et c'est tout justement la cour du roi Petaut.

RÉFLEXIONS GÉNÉRALES.

A quelques tragédies près, j'ai joué toutes celles qui composaient le répertoire de mon temps.

Autant que mes faibles connaissances ont pu le permettre, je me suis rendu compte de chaque rôle. Je crois en connaître la force, les caractères; et, sans me flatter d'être parvenue à les rendre autant bien qu'on pouvait le désirer, il m'est au moins permis de croire, d'après les encouragemens que j'ai reçus du public, qu'il ne désapprouverait pas qu'on fît les mêmes études que moi, ou qu'on suivît au moins les traditions que je puis donner; mais je ne puis rendre compte de chaque rôle en particulier: la langueur où me réduisent l'âge et la continuation de mes infirmités, ne me laisse pas les moyens d'entreprendre un si grand ouvrage. D'ailleurs, on sent souvent ce qu'on ne peut exprimer; une ame fière ou sensible a des élans de grandeur, des nuances de finesse, de délicatesse auxquelles je ne sais point de nom; on les exprime par un regard, un geste, par la modulation dans l'organe, par des temps: ces riens peignent souvent mieux que la parole; et je craindrais d'entrer dans des détails minutieux, fatigans à lire, inutiles à ceux qui ont du génie, et dangereux pour les esprits bornés; des avis généraux, quelques remarques particulières sur des rôles et des morceaux qui demandent plus d'étude, seront les seuls objets de mes réflexions.

J'ai marqué les quatre dons de nature que je crois indispensables : organe, force, mémoire, extérieur. On sent assez, sans que je le dise, la nécessité d'avoir beaucoup d'intelligence, de l'esprit, et s'il se peut, du génie. Les deux premiers parcourent avec facilité les routes déjà connues; le dernier seul, en ouvre de nouvelles.

J'ai parlé des talens de la danse et de la musique, qu'il faut joindre aux connaissances de l'histoire, de la fable, des belles-lettres, de la langue et de la géographie; mais sans prétendre que ceux qui n'auront point fait leurs études, sachent tout cela, j'en sais moi-même l'impossibilité; je marque seulement ce qu'on doit être et ce qu'on doit étudier.

Sans guide, sans conseil, ignorant les sources où je pouvais utilement puiser, j'ai souvent prodigué mon temps et mes forces à des études infructueuses ; et qui veut avoir de la célébrité dans l'art dramatique, n'a pas un jour à perdre; j'ai compté tous les miens par mes travaux, depuis l'age de douze ans jusqu'à celui de quarante-deux; et je suis sûre que je faisais encore énormément de fautes, lorsque j'ai quitté le théâtre. Que d'étude ne faut-il pas pour parvenir à distinguer la différence de l'ironie au dédain? du dédain au mépris? de la chaleur à l'emportement? de l'impatience à la colère? de la crainte à l'effroi, et de l'effroi à la terreur? Que de nuances il faut chercher dans les inflexions sensibles pour ne pas confondre ce qu'exigent l'amour, la nature et l'humanité! Que d'efforts il faut faire pour parvenir à ces grands momens de terreur, de déchirement, de pathétique! Que de justesse il faut avoir dans ses idées ou dans ses sons, pour raisonner d'une façon simple et vraie, sans être ni froid, ni familier! Ce dernier est le plus difficile de tous. Etre simple, juste et noble est la plus grande marque du talent. Mes études m'avaient fait entrevoir les chemins qui peuvent conduire à la plus grande perfection possible de l'art dramatique; mais en posant des barrières dans toutes les routes, l'injustice m'a fait abandonner la carrière; je n'ai pu ramasser que quelques fleurs, et la palme reste entière à qui voudra s'en saisir; la seule consolation qui me reste est d'indiquer, autant que je le puis, les moyens de s'en emparer.

L'acteur tragique doit s'approprier dans sa vie habituelle le ton, le maintien, dont il a le plus besoin au théâtre : rien n'est aussi puissant que l'habitude.

Si l'on ne voit en moi qu'une bourgeoise pendant vingt heures de la journée, quelques efforts que je fasse, je ne serai qu'une bourgeoise dans Agrippine. Des tons, des gestes familiers m'échapperont à chaque instant; mon ame affaissée par l'habitude d'une tournure craintive et subordonnée, n'aura point ou n'aura que momentanément les élans de grandeur qu'il faut continuellement au rôle que je représente. Sans oublier jamais ma place, je me suis fait un devoir de ne rien faire, de ne rien dire qui ne portât le caractère de la noblesse et de l'austérité. Je n'ignore pas les ridicules que cette manière d'être m'a valu parmi mes camarades et parmi le trop grand nombre de ceux qui ne se rendent compte de rien : on prétendait que j'avais toujours l'air de la reine de Carthage. On croyait m'affliger, on m'obligeoit ; c'étoit me prouver que j'avais réussi dans mon entreprise ; j'en acquis plus de confiance, et je sentis alors que le travail que je m'étais imposé dans le monde et dans ma chambre, me dispensait de cette tension d'esprit continuelle qui me fatiguait tant autrefois au théâtre.

Quand la critique porte sur un rôle et qu'elle est motivée, de quelque part qu'elle vienne, elle mérite notre reconnaissance et notre attention. Heureux l'acteur dont on espère assez pour lui donner des avis, et qui n'a pas le sot orgueil de croire qu'il ne se trompe jamais ! Mais le comédien ne doit de compte au public que pendant le cours de la représentation; sorti de là, il fait lui-même partie du public et n'a plus de compte à lui rendre.

Eh quoi! l'on voudrait qu'une profession qui demande de l'éducation, de l'usage du monde, des connaissances profondes, de l'élévation d'ame, de l'esprit, et tous les dons agréables de la nature, pût être continuellement humiliée? Que le sujet qui l'embrasse n'osât jamais s'égaler à rien? qu'il fît au premier venu l'humble sacrifice de sa supériorité? C'est demander l'impossible.

La honte qu'on veut attacher à cet état retombe toute entière sur la nation qui ne l'abolit pas.

Quoi? le monarque qui m'appelle, me retient et me pensionne, le gentilhomme de la chambre qui préside au spectacle, l'auteur qui m'apporte son ouvrage, le public qui vient m'entendre, m'applaudir, tous seraient innocens, hors moi? J'obéis à l'autorité qui m'enchaîne : j'ajoute de nouvelles beautés aux vers qu'on me confie, je vous fais passer deux heures délicieuses, et vous m'en punissez? Cette inconséquence n'a point de nom.

Les spectacles sont-ils dangereux? N'en souffrez pas, n'y courez pas en foule. N'ont-ils rien de repréhensible? Accordez à ceux qui les composent les avantages que leurs talens et leur conduite mériteront.

En quoi donc ce métier peut-il être déshonorant? La déclaration de Louis XIII, prouve qu'un gentilhomme peut faire ce métier sans déroger. Nos ouvrages passent à la censure ; nous les tenons des mains du magistrat, et lui seul en est par conséquent comptable. On peut, j'en conviens, s'effrayer des statuts de la comédie, accordés par nos rois, homologués au parlement. Ils annullent le pouvoir paternel ; ils éludent le pouvoir matrimonial ; ils donnent la majorité à l'âge le moins fait pour en jouir : cassez-les. Ces droits choquent également la nature, les mœurs et la raison; et l'être assez insensé pour les réclamer, se montrerait indigne de considération et de pitié ; mais je n'ai jamais ouï-dire, et je n'ai jamais vu, qu'aucun comédien se soit servi de ces indignes droits.

On prétend que les mœurs sont plus dissolues au théâtre qu'ailleurs.... Il se peut qu'on s'y soit trop oublié; il se peut aussi que la méchanceté, que l'impunité permettent d'en trop dire ; mais, quoi qu'il en soit, regardez autour de vous, examinez ce qui se passe chez vos voisins, chez vous-mêmes, et condamnez, avec moins d'aigreur, des êtres libres de tout devoir, quand vous supportez le désordre affreux de vos maisons. Rompez les barrières qui ne permettent pas au comédien d'approcher des autels; ne le forcez plus d'être célibataire; qu'il puisse s'allier sans courir le risque de voir exhéréder l'être qu'il choisit; et s'il donne alors des sujets de scandale, punissez-le, méprisez-le; j'y consens.

On dit encore que l'argent qu'on donne à la porte, est déshonorant pour celui qui le reçoit. *Ce sont des gens qu'on paye ; je paye ces gens - là ; je veux avoir du plaisir pour mon argent*, sont des phrases qui, quelquefois, m'ont fait regarder en pitié les insolentes bêtes qui les faisaient. Mais, est-il un seul être qui ne sache que, qui que ce soit au monde, ne fait rien sans être payé? Est-il une charge, un emploi sans appointemens, ou sans honoraires, ou sans tour de bâton? Je ne puis me nourrir, m'habiller, me loger, sans donner de l'argent en échange. Si je passe un acte, je le paye; si je fais une consultation d'affaire, je paye l'avocat et le procureur; si j'appelle un médecin, je le paye. J'ai présenté des enfans au baptême, j'ai payé. J'ai perdu des parens, des domestiques, j'ai payé les secours spirituels qu'ils ont reçus; j'ai payé leur enterrement. Si je veux faire dire une messe, je la paye 10, 15 ou 20 sous, selon l'église où je m'adresse. Enfin l'on sait la réponse de J.-Jacques à un ambassadeur qui lui disoit : *Ce qui me déplaît des livres, c'est qu'on les fait pour de l'argent.*

— *E.*

—*Et votre excellence, pourquoi chiffre-t-elle?*

L'argent est l'idole de tout ce qui respire ; personne ne peut nier cette vérité. Peine, mensonge, bassesse, prostitution, crime, rien ne coûte pour en acquérir; et l'on m'impute à blâme de recevoir, par une rétribution *volontaire*, l'équivalent de mes dépenses, et le faible salaire de travaux, autant innocens que pénibles! Que gagne-t-on à tant d'injustice? D'avoir rarement des talens.

L'être libre, en âge de réfléchir, s'effraie, avec raison, de la fatigue accablante de ce métier, de l'insuffisance des émolumens, d'une dépendance de vingt années, du pouvoir arbitraire des supérieurs, et de la honte du préjugé national; et quand, trompé par l'âge et par l'expérience, on a pu se faire comédien, je sais, par moi-même, à quel point les dégoûts nuisent aux études, à quel point d'anéantissement le désespoir m'a souvent réduite. Je n'ai compté qu'avec horreur les dix dernières années

F

de mon esclavage ; et jusqu'à mon dernier soupir, je bénirai l'injustice, l'atrocité, la démence de ceux qui m'ont enfin fourni les moyens de me retirer.

Les temps d'ignorance et de cagoterie sont passés. Si l'on veut des talens, il faut leur accorder une existence honnête.

Il faut réduire MM. les gentilshommes de la chambre à la simple autorité qu'ils avaient autrefois. Qu'une place à la comédie, une part, un emploi, ne soient plus la récompense de la séduction et de la débauche; qu'on n'admette plus les bambins, protégés par les gens en place; que le public seul soit juge des talens; que la comédie seule soit juge de l'utilité des sujets : tout ira bien alors, et sans cela, tout est détruit. Mais, soit qu'on améliore le sort des comédiens, soit qu'on le laisse tel qu'il est, qu'ils songent que la perfection de leur talent a besoin de l'habitude que je leur prescris; qu'ils osent se dire qu'il est absurde de vouloir qu'un comédien, nécessairement et continuellement occupé de tout ce que la tragédie demande d'imposant et de majestueux, ne se laisse appercevoir, dans le monde, qu'avec l'air de la soumission et de la médiocrité. La hauteur ne convient à personne; la fierté de l'ame est de tous les états.

C'est en s'écartant de ces principes, que mademoiselle Dumesnil s'est perdue. Le public, qui n'a jamais su la cause de la dégradation de son talent, me pardonnera, peut-être, de lui rendre compte des questions que j'osai lui faire sur son changement, et de ce que je pensais moi-même de cette actrice.

PORTRAIT
DE Mlle. DUMESNIL.

Mademoiselle Dumenil n'étoit ni belle ni jolie; sa physionomie, sa taille, son ensemble, quoique sans aucune défectuosité de la nature, n'offraient aux yeux qu'une bourgeoise sans grâces, sans élégance, et souvent au niveau de la dernière classe du peuple. Cependant sa tête était bien placée, son œil était expressif, imposant, et terrible même quand elle le voulait.

Sa voix sans flexibilité, n'était jamais touchante ; mais elle était forte, sonore, suffisante aux plus grands éclats de l'emportement.

Sa prononciation était pure, rien n'arrêtait la volubilité de son débit.

Ses gestes étaient souvent trop forts pour une femme, ils n'avaient ni rondeur, ni moelleux ; mais ils étaient au moins peu fréquens.

Pleine de chaleur, de pathétique, rien ne fut jamais plus entraînant, plus touchant qu'elle dans le désordre et le désespoir d'une mère. Le sentiment de la nature la rendait presque toujours sublime. L'amour, la politique, le simple intérêt de grandeur ne trouvaient en elle qu'une intelligence médiocre ; mais jeune encore, jalouse, ambitieuse, on devait tout espérer de son émulation et de ses études. Telle était mademoiselle Dumesnil, lorsque je me présentai au théâtre.

L'étude à laquelle je me vouai, dès les premiers momens, en m'éclairant sur tous mes défauts, m'apprit, après quelques années de réflexions, à connaître aussi ceux des autres ; je m'apperçus que mademoiselle Dumesnil cherchait plus à séduire la multitude qu'à plaire aux connaisseurs. Des criailleries, des transitions singulières, un débit comique, des gestes bas, prenaient souvent la place de ces beautés terribles et touchantes, dont elle avait donné de si grandes leçons.

Les sots criaient *bravo ! la nature ! bravo !* mais adorant le talent jusque dans mes rivales, je ne pus m'empêcher de gémir de ce changement, et j'osai lui en demander la cause.

« Vous vous étiez aplanie de si belles routes, lui dis-je, que je ne puis concevoir comment vous vous en écartez; sûre du public et de vous-même, que veulent dire les folies que vous faites ? Le rire que vous excitez aujourd'hui, vous paraît-il donc plus flatteur que l'admiration qu'on vous témoignait autrefois ? Est-ce à vous qu'il convient de confondre Sémiramis avec la femme de Sganarelle ? Que veulent dire ces tons de force à la fin de chaque couplet ? à quoi faites-vous le sacrifice de vos lumières, de votre raison et de vos talens ? Quelqu'avantageux que votre égarement me puisse être, je vous avoue qu'il m'afflige, et ma démarche vous le prouve. »

« Je t'ai bien écoutée, me dit-elle, et je te remercie : ce procédé me paraît honnête, et j'y vais répondre avec franchise.

» Tu cherches le vrai que tu ne trouveras pas, et que personne ne sentirait, si tu le trouvais. Le nombre des vrais connaisseurs d'une salle comble (en supposant qu'il y en ait) est d'un ou deux; le reste juge sans examen, sur parole, sur la réputation : la volubilité, les éclats, la singularité l'étonnent, l'entraînent, il applaudit avec fureur. Qu'un seul crie *bravo!* sans examen la salle entière le répète.

» Tes savantes recherches échappent à la multitude : elle reste froide; et ton connoisseur, ordinairement sage, âgé, renferme son plaisir en lui-même, sans oser le manifester. En sortant du spectacle, on se répand dans Paris, on y porte son enthousiasme : D'où venez-vous ? Quelle pièce donnait-on? Qui jouait? — Mesdemoiselles Dumesnil et Clairon; la première a été aux nues, la seconde nous a paru froide. — Nos réputations se forment là-dessus, et si tu continues, je monte au ciel, et je te laisse dans la boue. »

« Je suis loin encore, lui répondis-je, du but que je me propose ; mais je commence à l'entrevoir ; la marche est longue, pénible ; mais je ne fais pas un pas sans le secours de l'étude et de la raison. Qui cherche constamment la vérité, doit l'emporter tôt ou tard sur vos éblouissans prestiges ; le public n'est pas aussi sot que vous le faites ; vous oubliez combien son tact est juste et pur sur les ouvrages qu'on lui soumet ; il saisit les pensées les plus fines, les sentimens les plus délicats. Le parterre qui doit être la partie la moins instruite, la moins difficile de notre public, ne souffre aucunes fautes contre l'histoire, les mœurs, la versification, la convenance même des personnages; plus je l'étudie, et plus j'espère que mes études ne seront pas perdues. Vous voyez qu'il m'écoute toujours et souvent m'encourage, et si vous continuez vous-même à n'avoir plus d'autre guide que la folie, j'ose me flatter que la balance où vous venez de nous peser toutes deux, fera le contraire de ce que vous avez dit. »

Depuis ce moment j'ai redoublé mes recherches, et mademoiselle Dumesnil n'a plus connu de frein. Cette actrice qui pouvait être une des meilleures qu'on eût vue !.... La plume me tombe des mains.

Sans faire de grandes recherches, il est facile de se convaincre que chacune des provinces qui composent la France, ont des différences sensibles entr'elles. Quoiqu'elles aient le même intérêt national, et qu'elles appartiennent au même empire, les préjugés, les caractères semblent faire de chacune d'elles une nation particulière.

Qu'on observe tous les étrangers qu'on voit à Paris, il sera facile d'appercevoir dans chacun d'eux une tournure d'esprit, un caractère, un maintien national qui les distinguent; de là l'on peut aisément conclure de quelle variété devaient être toutes les républiques qui composaient le corps entier de la Grèce, et qui toutes étaient indépendantes et jalouses l'une de l'autre. Mais il n'en est que deux dont les différences puissent être sensibles dans la tragédie ; ce sont Athènes et Sparte.

Ne voulant point transcrire des livres, je me contenterai d'indiquer les oppositions qui caractérisaient le plus ces deux peuples, et qui me paraissent importantes pour les rôles de femmes.

Athènes étoit le centre des beaux-arts, du goût, de la magnificence, de l'esprit, de l'éloquence, de la philosophie et de l'urbanité.

Les jeunes filles de familles distinguées ne sortaient jamais que pour des fêtes ou des cérémonies religieuses. Un voile cachait leur visage : leurs parens les plus proches étoient les seuls hommes qui pouvaient les voir et leur parler. Cette éducation devait nécessairement produire des caractères purs et timides; l'habitude de la circonspection et de la décence doit se peindre dans les regards, le maintien, dans des sons doux, des expressions simples et naïves, dans une démarche mesurée, des gestes moelleux et peu fréquens.

A Sparte, les biens étoient inutiles; les dépenses se faisoient en commun : les enfans appartenaient à l'état ; les repas étoient publics, sans distinction de rang, d'âge et de sexe ; le luxe était un crime, et les mœurs étaient de la plus âpre austérité (1).

On élevait les jeunes filles à des exercices violens : elles entraient dans la carrière des hommes, et combattoient comme des athlètes ; leurs vêtemens laissaient appercevoir leurs bras, leurs jambes et leurs cuisses nues.

On sent assez que cette éducation devait rendre les femmes fortes et courageuses, leur donner une voix mâle,

―――――
(1) Je sais que cette éducation n'a commencé qu'avec les loix de Licurgue; mais ce n'est qu'à cette époque qu'on peut fixer un caractère distinctif à cette partie des Grecs.

un regard assuré, une démarche fière, et des gestes décidés. La pudeur, cet intéressant et précieux apanage de notre sèxe était également recommandable dans les deux républiques, mais la façon de la manifester ne pouvait pas être la même; je puis m'être trompée, mais c'est dans ces deux sources que j'ai puisé pour donner aux rôles de Monime et d'Hermione les grands caractères que ces rôles demandent dans les genres les plus opposés.

Rôle de Monime.

Le rôle de Monime doit offrir depuis le premier vers jusqu'au dernier, l'ensemble de l'Athénienne que j'ai dépeinte.

L'actrice qui, d'après les vers qu'elle dit au quatrième acte, croirait pouvoir se permettre le moindre emportement dans ses sons, sa physionomie, sa démarche, ses gestes, feroit la plus énorme faute.

Résister en face à l'homme choisi par

son père pour être son époux, oser lui dire :

.... Ma main, ni mon amour,
Ne seront point le prix d'un si cruel détour,

braver la mort qu'elle s'attend à recevoir, c'en est assez pour qu'elle se croie elle-même hors des mesures que la modestie prescrit.

La première étude que je faisais d'un rôle étoit de chercher à lui donner le caractère qu'il exigeait, de chercher ensuite dans ce rôle le couplet où ce caractère une fois reconnu, se ferait sentir avec plus de force. Mon grand plaisir était de me proposer à moi-même les plus grandes difficultés; je les trouvai dans ces vers :

Non, seigneur, *vainement* vous voulez m'étonner.
Je vous connais, je sais tout ce que je m'apprête,
Et je vois *quels malheurs* j'assemble sur ma tête.
Mais le dessein est pris.. Rien ne peut m'ébranler :
Jugez-en puisqu'ainsi je vous ose parler,
Et m'emporte au-delà de cette modestie,
Dont jusqu'à ce moment je n'étais point sortie, etc.

La douceur de mes sons et l'ensemble

le plus modeste faisaient le contraste le plus frappant, avec la valeur que je mettais aux mots que j'ai soulignés, et la fermeté qui se peignait sur mon visage.

On peut douter des résolutions d'une femme qui s'emporte; mais je crois qu'on ne doit rien espérer de celle qui résiste, sans avoir même l'apparence de l'emportement.

Ce rôle est un des plus nobles et des plus touchans qui soit au théâtre; mais je l'ai vivement éprouvé, c'en est un des plus difficiles.

Sans cris, sans emportement, sans moyens d'arpenter le théâtre, d'avoir des gestes décidés, une physionomie variée, imposante, il paraît impossible de sauver ce rôle de la monotonie qu'il offre au premier aspect; ces secours aideraient l'actrice, mais ils seraient autant de contre-sens pour le personnage.

Ce n'est qu'après quinze ans d'étude sur les moyens de contenir ma voix, mes gestes, ma physionomie, que je me suis permis d'apprendre ce rôle, et j'avoue que pour parvenir à graduer de scène en scène et sa douleur et sa noble simplicité, il m'a fallu tout le travail dont j'étais capable et tout le désir que j'avais de bien faire. Je ne me flatte pourtant pas d'être parvenue à le rendre autant bien qu'il peut être, je l'ai trop peu joué pour avoir les moyens d'y corriger mes fautes. Puisse une autre actrice y faire mieux que moi ! mais j'invite toutes celles qui s'en chargeront à peser mûrement tout ce qu'elles se permettront d'y faire, et à s'assurer que Monime est absolument hors des routes ordinaires.

HERMIONE.

LE rôle d'Hermione est du nombre de ceux qu'il faut excepter de la règle générale.

Toutes les difficultés qu'il présente seraient levées si ce personnage avait trente ans; il serait facile alors de donner à sa politique, sa coquetterie, son amour et sa vengeance, toute l'étendue, toutes les tournures, dont ces diverses façons d'être sont susceptibles ; mais Hermione ne doit avoir que vingt ans environ : à cet âge, on peut laisser appercevoir ce qu'on doit être un jour ; mais je doute qu'on soit déjà tout ce qu'on peut être.

Les idées compliquées et suivies, les réflexions profondes, les connaissances que l'expérience seule peut donner, s'arrangent difficilement avec les grâces, la timidité, les préjugés de l'éducation, l'inexpérience, l'air et la voix d'une fille de vingt ans.

Ce rôle offre continuellement le danger de ne pas atteindre le but ou de le passer. Le caractère en est passionné et n'est point tendre ; il est furieux et point méchant ; il est noble, fier, et se permet cependant de la séduction, de la dissimulation avec Oreste, et de l'atrocité avec Pyrrhus ; son orgueil et sa passion marchent par-tout d'un pas égal, excepté dans les six vers qui commencent par celui-ci :

Mais, seigneur, s'il le faut, si le ciel en colère, etc.

la fin du monologue du cinquième acte

et

et le commencement du dernier couplet de ce rôle, où l'amour parle seul et fait couler ses larmes.

Tout ce que j'ai cherché de ressources dans mon physique et dans mes réflexions, pour tâcher d'atteindre à la beauté de ce rôle, pour y soutenir le caractère sans altérer la fraîcheur de l'âge, est un de mes plus pénibles travaux. Il me serait doux d'abréger les études des autres, en rendant des miennes un compte exact, clair, facile à saisir ; mais, je l'ai déjà dit, il est des choses qui ne peuvent s'écrire : sans le secours de mes intonations et de ma physionomie, il est hors de mon pouvoir de donner l'idée des nuances qui rapprochaient le caractère et l'âge de ce rôle. C'est à l'intelligence, à l'étude, à l'esprit à tirer parti des faibles renseignemens que je donne.

Dans tout ce qui peint l'amour d'Hermione, il faut soigneusement éviter les sons touchans, la physionomie simple et douce, qui caractérisent les ames tendres, et dans son emportement s'éloigner,

G

autant qu'il est possible, des élans sûrs, fermes, de la femme expérimentée, telle, par exemple, que Roxane dans Bajazet. Dans ce dernier rôle, hors l'indécence, on peut tout se permettre; que l'actrice cherche en elle tout ce qui peut exalter le grand caractère d'une femme de vingt ans, et tout ce que l'âge de vingt ans doit adoucir dans un grand caractère.

Le couplet du quatrième acte, que le public, les gens de lettres et les comédiens, appellent le *couplet d'ironie*, ne peut, selon moi, porter ce nom. L'ironie demande une légèreté d'esprit, une tranquillité d'ame que certainement Hermione n'a pas; son orgueil et son amour, également blessés, ne peuvent lui donner que des accès de rage que la hauteur de son caractère réprime autant qu'elle peut.

Un visage où l'indignation et la noblesse se peignent également, des sons étouffés dans le premier moment par le dépit et la fureur, les mouvemens de colère qui la surmontent et qu'elle ne peut plus retenir, ne peuvent produire dans ses sons et sur sa physionomie que l'image du sarcasme le plus amer ; l'horreur qu'elle doit éprouver elle-même en rappelant à Pyrrhus les cruautés dont il s'est rendu coupable, ne peut descendre jusqu'à l'ironie. Hermione doit donner à ses reproches toute l'amertume, tout le mépris qui peut les rendre encore plus insultans, mais elle ne veut ni ne doit plaisanter.

ÉCOLE.

DEPUIS ma retraite du théâtre, j'entends continuellement parler de la nécessité d'avoir des écoles dramatiques; le public les croit convenables et possibles, et MM. les gentilshommes de la chambre se prêtent à des encouragemens et des frais incroyables pour en établir. Rien ne prouve mieux que les juges et les supérieurs du spectacle n'ont pas la moindre idée de ce qui constitue un grand comédien.

On apprend à danser, à chanter aussi parfaitement qu'il est possible, parce que ces deux talens ont des règles, des conventions, que l'être le plus idiot peut entendre et pratiquer; mais je ne connais ni règles, ni conventions qui puissent donner tous les genres d'esprit, tous les genres de sensibilité qu'il faut indispensablement pour produire un grand comédien; je ne connais point de règle pour apprendre à penser, à sentir; la nature seule peut donner ces moyens que l'étude, des avis et le temps développent. Les seules écoles possibles et raisonnables sont les troupes de province; la nécessité de gagner les appointemens qu'on reçoit, la vanité de l'emporter sur ses camarades, la crainte du public, la mémoire qu'on se forme par des travaux sans relâche, l'aisance et le maintien qu'on acquiert en montant tous les jours sur le théâtre, la facilité de former son oreille à tous les tons, de débrouiller ses idées en entendant les pièces entières et l'effet qu'elles font sur le public, doivent plus former en six mois que deux ans de leçons données dans une chambre par quelque maître que ce puisse être. Je crois être passablement modeste en m'assimilant aux comédiens d'aujourd'hui ; ils ne me le pardonneront pas, peut-être ; mais j'ai l'audace de ne les croire ni plus instruits, ni meilleurs, ni plus serviables que moi. Il n'est point de peines que je ne me sois données pour former mesdemoiselles Dubois et Raucourt : j'en appelle à tous ceux qui les ont vues. Mes charmantes écolières ont-elles été de grands sujets ? Hélas ! malgré mes soins et tout ce qu'elles tenaient de la nature, je n'en ai jamais pu faire que mes singes ; leur début donnait les plus grandes espérances, parce que j'étais derrière le rideau, et que le public s'engoue toujours de la jeunesse et de la beauté ; mais on a vu qu'en cessant mes leçons, leurs talens s'étaient anéantis.

C'est à la nature seule qu'il faut demander les grands sujets dans tous les genres ; parcourez les fastes du monde, des sciences, des arts, des talens, et par le petit nombre de ceux qu'on dit avoir excellé, reconnaissez qu'il est impossible que le génie se commande et s'apprenne.

Lorsque l'on trouvera dans un jeune sujet de l'esprit, un sens juste, de la sensibilité, de la force, un bel organe, de la mémoire, un physique convenable à ce qu'il voudra représenter, venez à son secours : donnez-lui les moyens d'avoir tous les maîtres dont il a besoin pour développer ses idées ; ne le laissez point languir dans une misère qui flétrit son ame et retarde ses progrès ; ne lui faites point une nécessité du vice pour obtenir l'état qu'il recherche ; obligez-le d'écouter les avis que le public et de certains comédiens peuvent donner sur le plus ou le moins de chaleur, de noblesse, de grâce, etc.; qu'on l'aide, enfin, à devancer le temps. Voilà, selon moi, les seuls moyens possibles. Croire que Préville peut former des Orosmane et des Sémiramis ; que Molé peut créer des sujets dans tous les genres, est une erreur dont sûrement eux-mêmes rient sous cape : se donner de l'importance, se composer un sérail, amasser de l'argent et faire trembler tous leurs autres camarades, est tout ce que ces messieurs veulent et peuvent faire. Je crois que MM. les gentilshommes de la chambre peuvent s'occuper de soins plus dignes d'eux, et faire un emploi plus utile des bienfaits que le roi daigne accorder pour les spectacles.

On m'objectera, sans doute, que les provinces ne fournissent plus de bons sujets. Je conviens que l'opéra comique et la danse absorbent tout, et qu'ils font aujourd'hui la partie la plus essentielle de toutes les troupes de comédies. Les talens suffisans à ces deux genres sont presqu'à la portée de tout le monde et de toutes les éducations ; presqu'à tout âge on peut, avec eux, gagner sa vie ; les vêtemens sont fournis par la direction, et les appointemens sont toujours considérables.

Les études pour la comédie Française

demandent une éducation soignée, beaucoup des dons de la nature, un âge analogue à tout ce qu'il faut savoir, sentir et comparer ; les vêtemens sont d'un prix immense, et tous à la charge du comédien ; les émolumens sont médiocres dans les commencemens ; on ne parvient à la part entière qu'après un certain nombre d'années, ou que par des protections qui, quelquefois, se trouvent d'un genre qui ne convient pas à tout le monde.

Tous ceux qui suivent la carrière du théâtre sont nés communément dans des familles nécessiteuses ; ce qui rapporte le plus et le plutôt, ce qui se montre le plus facile, doit être ce qui leur convient le mieux.

Ce n'est qu'après vingt ans de travaux que la pension du roi, montant à cent pistoles, m'a été accordée ; et dès le premier moment de leur entrée à l'Opéra, j'ai vu donner, à mesdemoiselles Allard et Guimard, des pensions du roi, de douze cents livres. Après vingt-deux ans de service, j'ai mille livres de retraite pour unique récompense; et mademoiselle Heinel, au bout de quatorze ans de service, s'est retirée avec huit mille francs de pension. Ces demoiselles avaient de grands talens, j'en conviens; mais j'ose croire que plusieurs de mes camarades, et moi-même, pouvions prétendre, au moins, à quelqu'égalité, et que cet exemple doit produire plus de danseurs que de comédiens.

Les théâtres des boulevarts ont encore accéléré la dégradation des talens; la quantité de jeunes filles qui paraissent à ces spectacles, et qu'on produit même dès l'âge le plus tendre, ruinent leur constitution par des efforts au-dessus de leurs forces, et (si j'en dois croire ce qu'on dit), par une inconduite qui les épuise et les vieillit dès l'âge de vingt ans. Les ouvrages obscènes et bas qu'on représente à ces théâtres, éloignent nécessairement de la tournure noble et décente qu'exige le théâtre Français. On représente partout des farces, mais le public veut que ce soit avec des tons, avec un maintien différent; on vient d'en avoir une preuve sans réplique. Je ne connais point un acteur de ces spectacles forains nommé *Volange*, mais tout Paris convient également de la perfection de son talent aux *Variétés amusantes* ; on l'a fait débuter à la comédie Italienne, où les ouvrages et les talens peut-être, ne peuvent se comparer à ceux de la comédie Française, et dans ce cadre, ce Volange si fameux, n'a pu soutenir la comparaison du moindre des comédiens. Non-seulement ces spectacles ne sont point une ressource ; ils détruisent le goût, ils perdent les mœurs, ils dénaturent des sujets que l'étude de nos chefs-d'œuvres aurait pu rendre de bons comédiens. Le nombre de ceux qui se destinent à paraître en public, est circonscrit comme tous les autres états de la vie, et la facilité de trouver place à tous ces théâtres ôte toute ressource à celui que la seule vanité nationale devrait se faire un devoir de soutenir.

Il ne m'appartient pas de fronder le goût du public pour ces spectacles, de blâmer les magistrats qui les ont érigés et les augmentent chaque jour ; les grands seigneurs qui les ont soufferts au mépris de leur propre autorité et des droits des comédiens, mais il m'est permis d'assurer que tant qu'ils subsisteront, aucun effort, aucune école ne ramènera le superbe ensemble de talens qu'on admirait autrefois au spectacle de la Nation. La comédie Française n'a que quatre sujets dignes d'être cités (1) ; la comédie Italienne n'en a que deux (2). L'Opéra, quoi qu'on en dise, n'a décidément que des danseurs. Comment ce dépérissement affreux ne fait-il pas songer aux moyens de tout réparer ? Et comment abandonne-t-on Molière, Corneille, Racine et Voltaire, pour la famille des Pointus ! Le moyen le plus sûr d'anéantir le mérite, est de protéger la médiocrité.

(1) Préville, Molé, Brisard, Larive.
(2) Clerval et madame Dugazon. Caillot vient de se retirer.

Orosmane.

J'ai toujours été étonnée que le Kain, si supérieur dans le rôle d'Orosmane, me laissât quelque chose à désirer dans le premier couplet du premier acte. Il disait bien : cependant, je ne voyais, je n'entendais rien de cette amabilité, de cette passion si vivement dépeinte par Zaïre. Orosmane, entouré des différens ordres d'esclaves de son sérail et ne revoyant sa maîtresse que pour lui débiter un discours préparé, ne m'offrait qu'un maître imposant à la place de l'amant tendre que j'attendais; j'ai lu et relu ce couplet avec la plus scrupuleuse attention; j'ai cherché dans les vers de sentiment, de passion qui s'y trouvent, et dans tout ce que les regards et les inflexions peuvent avoir de plus touchant, à faire oublier l'espèce de déclamation des trente-deux premiers vers ; je n'ai rien trouvé qui ne fît un contre-sens avec le discours, et je n'ai fait que m'impatienter d'entendre parler d'affaires où je voulais qu'on me parlât d'amour. A force de chercher, j'ai trouvé une scène muette qui pourra être intéressante.

Orosmane entre entouré de toute la suite que sa grandeur et la pompe théâtrale exigent; je désire appercevoir en lui tout ce que sa jeunesse et sa sensibilité permettent de tendre à sa dignité : que ses yeux cherchent Zaïre, et qu'on connaisse à la décente volupté de son visage, à la fréquence de sa respiration, qu'il voit l'objet dont il est épris; qu'un mouvement noble et doux éloigne sa suite; qu'il s'approche de sa maîtresse, la prenne par la main, et qu'avec les regards de l'amour et l'émotion d'un sentiment profond que l'on contient, il commence à l'instruire des moyens qui peuvent le rendre complétement heureux. Cette petite scène, jouée avec noblesse et rapidité, ne changerait sûrement rien aux idées de l'auteur, à la dignité des personnages, et mettrait à l'aise toutes les ames tendres et impatientes.

ÉTUDE DE PAULINE,

Dans Polyeucte.

Pauline est un des personnages dont il n'existe aucun modèle dans la nature; je l'ai du moins vain ~~vivement~~ cherché et dans le monde et dans l'histoire.

Des passions, des goûts qui se succèdent, se rencontrent par-tout et tous les jours; mais deux amours réels existant ensemble, avoués à chacun des deux hommes qui les inspirent, et justifiés par le respect, l'estime et la confiance de l'un et de l'autre, est une chose inouïe dans la nature, et très-difficile à rendre décente et vraisemblable aux yeux de la multitude.

Après avoir profondément étudié le caractère de ce rôle, convaincue que le spectateur, aidé par son premier coup-d'œil, suit et se prête avec plus de facilité au développement que chaque mot amène, je me promis de réunir, autant qu'il me serait possible, sur l'ensemble de ma personne, la noblesse, la douceur, la franchise et la fermeté du personnage.

Je fis tout ce que je pus pour donner à mes inflexions et mes mouvemens, la touchante simplicité qui caractérise une ame pure et sensible.

Maîtresse de ma physionomie, de mes accens, cette étude ne fut pas la plus difficile; mais comment m'y prendre pour éviter la monotonie dans la façon d'exprimer ces deux amours? Comment les nuancer sans altérer la candeur du personnage? Comment éviter jusqu'à la plus légère idée de fausseté d'une part et d'indécence de l'autre? Le point juste me paraissait impossible à saisir.

La première passion, née des seuls besoins du cœur, accrue par le charme d'une volonté libre, nourrie par l'estime, la crainte et le regret, devait nécessairement avoir une teinte de délicatesse, de sensibilité différente de l'autre. L'ordre d'un père, la résignation la plus absolue à toute action vertueuse, l'illusion des sens même, ne peuvent marcher d'un pas égal avec un sentiment profond : on le contrarie, on le force à céder ses droits au devoir; mais tant qu'il existe, il est certainement le plus tendre et le plus fort; j'imaginai que la différence que je mettrais dans mes larmes, pourrait me donner la nuance que je cherchais. Celles que je répandais pour Sévère prenaient leur source dans le fond de mon ame et coulaient avec abondance sur mon visage. Celles que je donnais à Polyeucte, sautaient de mes yeux, poussées tantôt par l'humanité, tantôt par l'impatience. On sent assez la différence que ces deux sources de larmes apportent indispensablement aux accens de la voix, à l'impuissance ou la facilité des mouvemens; mais pour atteindre le but et ne le point passer, il faut continuellement se ressouvenir de ces quatre vers :

Je donnai par devoir à son affection,
Tout ce que l'autre avait par inclination;

Et quoique le dehors soit sans émotion,
Le dedans n'est que trouble et que sédition.

APPERÇU

APPERÇU DE ROXANE,
DANS BAJAZET.

ROXANE est une de ces beautés malheureuses, condamnées, par la misère et l'avilissement de leurs entours, à désirer l'esclavage, à le voir l'unique route de tous les biens.

Ces esclaves, destinées aux plaisirs d'un maître que leur cœur ne choisit pas, et que, souvent, il rejette; ignorant ou surmontant les combats que doivent rendre la pudeur et la décence, avant de se livrer; observées, contenues dans le sérail par des êtres hideux, cruels, mutilés; toujours tremblantes sous l'autorité la plus arbitraire; humiliées de rester trop long-temps dans la foule des esclaves, ou craignant le dégoût qui peut les y faire retomber, peuvent-elles se trouver susceptibles d'un sentiment doux, libre, exclusif? Peuvent-elles avoir l'idée d'un véritable amour? Je ne le crois pas.

La vanité de l'emporter sur leurs rivales, l'ambition de parvenir au rang suprême, la nécessité d'intriguer pour s'y maintenir, celle d'amasser des trésors pour s'assurer des appuis, les besoins de leurs sens doivent être les seuls sentimens, les seules passions dont elles peuvent avoir l'idée, et se promettre la jouissance. La femme, condamnée à à vivre sous un despotisme éternel, doit contracter forcément l'habitude de la crainte, de la dissimulation, et même du mensonge; et tout ce qui flétrit l'ame conduit plus facilement à la férocité qu'à la tendresse. Le caractère de Roxane est au moins présenté sur ce modèle: elle est continuellement ingrate, altière, cruelle, ambitieuse.

Egalement incapable d'un remords et d'un sentiment d'humanité, quand l'amour a précédé les vices, il peut se soutenir encore quelque temps avec eux; mais je ne crois pas qu'il puisse naître dans un cœur déjà vicié. Les intrigues du visir, et l'espoir de parvenir au rang qu'Amurat lui refuse, sont les seuls motifs qui la déterminent à voir Bajazet.

La vue d'un homme plus jeune, plus beau, plus intéressant que son bienfaiteur et son maître, excite une fermentation dans ses sens, qu'elle prend pour de l'amour; mais tout ce qu'elle fait, tout ce qu'elle dit, prouve seulement une illusion voluptueuse et momentanée.

Sa vanité blessée, son ambition trahie, sont les seules sources de ses larmes ; le soin de sa grandeur remplit toutes les facultés de son ame.

La menace est continuellement dans sa bouche : c'est avec réflexion qu'elle prépare la mort de Bajazet; c'est comme une chose simple et juste qu'elle lui propose d'être l'auteur et le témoin de l'assassinat d'Atalide; c'est sans combats, sans remords, qu'elle livre son amant aux muets qui l'attendent; c'est avec la plus révoltante arrogance qu'elle laisse à ses pieds la nièce de son empereur, et qu'elle ose lui dire :

Loin de vous séparer, je prétends aujourd'hui,
Par des nœuds éternels, vous unir avec lui.
Vous jouirez bientôt de son aimable vue, etc.

Pesez bien tous ces mots; songez que Bajazet n'est plus, et jugez vous-même si l'ame assez atroce pour les prononcer avec tranquillité, peut être susceptible d'amour. Je crois bien que Bajazet lui plaisait plus qu'Amurat; mais un goût n'est pas un sentiment. L'attrait irritant des sens, ou le tendre besoin de l'ame, sont des choses bien différentes.

Défendez-vous donc de toute espèce d'expression touchante : l'air du désir, subordonné à la plus rigoureuse décence, est la seule marque de sensibilité qu'on doive appercevoir dans vos yeux. Dans les ordres que vous donnez, dans les menaces que vous faites, que vos tons secs, despotiques, m'assurent que vous n'êtes entourée que d'esclaves avilis et tremblans. En gardant, dans tout votre ensemble, la noblesse que le théâtre exige, et dont tout être, de quelque état qu'il soit, peut avoir l'empreinte sur sa figure, et le sentiment dans son cœur, mêlez-y quelquefois cette dignité gigantesque, dont vous voyez tant d'originaux dans le monde : enfin, en me montrant, dans les trois quarts de ce rôle, une souveraine cruelle, et née sur le trône, laissez-moi les moyens de retrouver, dans le reste, l'esclave insolente, abusant d'un moment de pouvoir, qu'elle ne doit qu'à sa beauté.

Sur les Tragédies de Manlius et de Venise sauvée.

Il n'est aucun rôle, au théâtre, qui dispense d'une étude profonde. Plus on trouve de ressemblance dans tel ou tel caractère, dans telle ou telle action, plus il faut s'efforcer à leur trouver des nuances différentes. Nous avons, par exemple, le même sujet dans Manlius et Venise sauvée. Aux noms, aux vers près, c'est la même action, ce sont les mêmes personnages, le même intérêt ; mais, dans Manlius, la scène se passe à Rome, l'an 371 de sa fondation ; l'autre à Venise, en 1618 de notre ère. Cherchez, dans l'histoire, l'esprit des lieux et des temps ; réfléchissez sur le plus ou le moins de dignité des personnages; asservissez toutes vos idées à l'opinion générale des hommes de ces temps-là ; vous sentirez alors qu'il est impossible d'avoir le même ton, le même maintien, le même esprit dans l'une et dans l'autre.

SUR CORNÉLIE,

DANS LA MORT DE POMPÉE.

L'opinion publique fait de Cornélie un des beaux rôles du théâtre. Ayant à jouer ce rôle, j'ai fait sur lui toutes les études dont j'étais capable : aucune ne m'a réussi. La modulation que je voulais établir d'après le personnage historique, n'allait point du tout avec le personnage théâtral; autant le premier me paraissait noble, simple, touchant, autant l'autre me paraissait gigantesque, déclamatoire et froid. Je me gardai bien de penser que le public et Corneille eussent tort; ma vanité n'allait point jusque là;

mais pour ne pas la compromettre, je me promis de me taire, et de ne jamais jouer Cornélie. Depuis ma retraite, les *Commentaires sur Corneille*, et le mot *Esprit* dans les *Questions encyclopédiques*, par Voltaire, ont paru, lisez-les ; si je me suis trompée, l'exemple d'un si grand homme me consolera.

PHÈDRE.

Le rôle de Phèdre est un des plus beaux rôles du théâtre : il n'en est point de mieux écrit, et par conséquent de plus facile à apprendre et à retenir.

Il ne demande nulle recherche de local, ni de mœurs : c'est la femme passionnée de tous les pays et de tous les temps. Elle a trahi sa sœur : elle est épouse, mère, reine : il est facile de donner à son âge et son expérience, l'ensemble de ton et de maintien que tout cela doit avoir.

Tout être sensible, tout caractère impétueux peut aisément trouver dans son propre cœur, dans ses lectures, dans ce qui se passe journellement sous ses yeux, les moyens de peindre une grande passion ; et Racine a marqué, d'acte en acte, les gradations que celle de Phèdre doit avoir. Suivez l'auteur exactement dans sa marche ; tâchez de l'atteindre ; gardez-vous de prétendre le surpasser : tout ce qu'il vous demande est de joindre à votre intelligence la physionomie mobile, l'organe imposant et tendre dont ce rôle ne peut se passer.

Phèdre a des remords : ils sont vrais, continuels ; l'exposé du premier acte et sa mort au cinquième, le prouvent. Sa vertu surmonterait sans doute sa passion, si cette passion n'était produite que par l'égarement ordinaire des sens et de l'imagination ; mais la malheureuse Phèdre cède, en aimant, au pouvoir de Vénus. Une force supérieure l'emporte continuellement à faire, à dire ce que continuellement aussi sa vertu réprouve. Dans toute l'étendue du rôle, ce combat doit être sensible aux yeux, à l'ame du spectateur.

Je m'étais prescrit, dans tout ce qui tient aux remords, une diction simple, des accens nobles et doux, des larmes abondantes, une physionomie profondément douloureuse, et dans tout ce qui tient à l'amour, l'espèce d'ivresse, de délire que peut offrir une somnambule conservant dans les bras du sommeil le souvenir du feu qui la consume en veillant. Je pris cette idée dans ces vers :

Dieux ! que ne suis-je assise à l'ombre des forêts !
Quand pourrai-je, à travers d'une noble poussière,
Suivre de l'œil un char fuyant dans la carrière ?
. . . . Insensée ! Où suis-je, et qu'ai-je dit ?
Où laissai-je égarer mes vœux et mon esprit ?
Je l'ai perdu. Les dieux m'en ont ravi l'usage, etc.

Dans la scène du second acte avec Hyppolite, je disais le premier couplet d'une voix basse, tremblante et sans oser lever les yeux. Au moment où le son de sa voix frappait mon oreille, on voyoit sur toute ma personne ce doux frémissement que la réminiscence procure quelquefois aux ames vraiment sensibles ; aussi le second couplet avoit-il une émotion différente: mes mots étaient entrecoupés par le battement de mon cœur et non par la crainte.

Au troisième, un coup-œil enflammé et réprimé au même instant marquait le combat qui s'élevait dans mon ame.

Au quatrième, ce combat étoit encore plus sensible, mais l'amour l'emportait.

Au cinquième, il régnait seul; et dans mon égarement, je n'avais conservé que l'habitude de la noblesse et de la décence.

Le délire du second acte est causé par la révolte des sens; celui du quatrième acte, par le désespoir et la terreur. Mettez dans le premier tout ce que le regard, le son de voix, les mouvemens peuvent avoir de séduisant, de doux, de caressant; gardez les grands éclats pour l'autre.

Le couplet qui termine cette scène, m'a toujours fort embarrassée; aucune de mes tentatives ne m'a satisfaite. Soit que soixante vers passionnés, sans avoir presque le temps de reprendre haleine, surpassent les forces de l'humanité ; soit que la récapitulation de ses regrets, de ses remords, et des vengeances des dieux contrarie (par une expression nécessairement moins vive) la gradation, le comble de chaleur que l'objet présent, l'aveu fait, le complément de la scène exigent. Soit, tout admirables que sont ces vers, que le combat soit en effet trop long ; soit enfin qu'il fût au-dessus de mon intelligence de donner à ce tableau de l'amour et du remords, la teinte juste qui les présentassent à leur comble tous deux en même-temps ; ce complet a toujours été pour moi de la difficulté la plus insurmontable : et je suis obligée d'avouer qu'en disant et faisant de mon mieux, je suis toujours restée bien loin, et de l'auteur et de mon idée ; mais concevoir en lisant ou exécuter sont deux choses bien différentes.

Il reste encore beaucoup d'autres remarques à faire sur ce rôle. J'ai des idées confuses de plusieurs indications importantes ; mais je n'ose m'en rapporter à ma seule mémoire, elle ne me laisse distinctement que les idées premières ; je ne suis plus en état de faire des recherches profondes, et je craindrais de me tromper sur des détails qui ne me sont plus parfaitement présens.

BLANCHE,

DANS BLANCHE ET GUISCARD.

Je ne connais point de rôle qui m'ait été plus agréable à jouer que celui de Blanche ; il ne nécessitait aucune recherche de temps, de lieu, de dignité. Un amour né dans la sécurité de l'enfance, accru par le besoin de l'ame et la confiance de l'habitude ; le sentiment du respect et de l'obéissance qu'on doit à l'auteur de ses jours ramènent l'ame sensible à la pureté de la nature, d'une façon si douce, si facile, que pour peu que l'actrice ait de principes et d'intelligence, il est impossible de ne pas bien jouer ce rôle.

Tous les grands personnages de l'antiquité nous imposent le devoir de nous oublier nous-mêmes; ce n'est qu'avec les plus grands efforts, les études les plus profondes que nous pouvons parvenir à peindre ces passions diverses qui, partant toutes d'un même point, y revenant sans cesse, demandent une variété continuelle dans les inflexions, le visage, le maintien, sans permettre jamais que le fonds du caractère en soit altéré; tel, par exemple, que l'exige le personnage de Phèdre dans sa passion, sa vertu, sa jalousie et ses remords : elle a sur-tout quatre mouvemens de honte qui tous demandent des nuances différentes. La confidence de son amour à Œnone au premier acte ; au second, celle d'avoir été trop loin avec Hyppolite ; au troisième, celle de se montrer à son époux, et d'avoir pour témoin l'insensible qui lit dans son cœur et qui la dédaigne ; au quatrième, celle que lui cause son crime, et l'aveu qu'elle sera forcée d'en faire aux Enfers. Aucun de ces mouvemens ne peut avoir la même teinte ; la physionomie, l'organe, tout doit être différent. Le premier est d'une femme vertueuse qui meurt pour ne pas manquer à ses devoirs, et qui ne cède qu'à l'importunité : le second doit offrir avec lui la continuité de l'égarement et l'inquiétude de ce qu'on va répondre : le troisième est uniquement d'embarras et de remords, quoiqu'elle ait dit à Œnone : *Fais ce que tu voudras* ; il faut bien se garder de croire qu'elle a senti l'importance de ce consentement, ce ne seroit plus le même caractère ; il ne faut jamais perdre de vue qu'elle est vertueuse par principe, et criminelle par la seule volonté des Dieux : sa honte au quatrième acte le prouve, et cette honte doit peindre de la façon la plus terrible et la plus déchirante, sa terreur, ses remords et sa vertu : quel travail ! J'ose assurer qu'il est au-dessus des forces humaines de surmonter les difficultés que ce rôle présente à chaque vers : quels qu'aient été mes efforts, mes méditations, mes recherches, tout ce dont il m'est permis de me flatter, est d'avoir fait *peut-être* un peu moins de fautes que les autres. En jouant Blanche, je me croyois toujours dans ma chambre; ma physionomie, mes inflexions, se réunissaient sans art, sans étude à toute la sensibilité de mon ame : née tendre, confiante, je devais connaître les craintes, les soupçons, les chagrins de l'amour. En jouant Blanche je restais toujours moi : c'est le seul rôle qui ne m'ait point coûté de travaux destructeurs. Mais si celle qui le joue ne se rappelle plus la pureté du premier âge, si l'amour n'est pas l'unique besoin de son cœur, elle aura beaucoup de travail à faire. Un talent médiocre cherche des ressources dans des éclats de voix, de grands mouvemens, des transitions imposantes ; il ne faut rien de tout cela dans les passions douces : avec de l'art, on peut atteindre à tous les sentimens exagérés, mais l'art ne simplifie pas : c'est à la nature seule qu'il faut demander les nuances de la candeur, la teinte fraîche des premières sensations d'une jeunesse pure, la touchante et noble simplicité qui n'émane que de l'ame. L'art ne sait peindre qu'en grand ; si l'on arrête l'audace de ses touches, si l'on affaiblit ses couleurs, on n'en obtient que des tableaux maniérés.

M. Saurin, auteur de *Blanche*, de *Spartacus*, des *Mœurs de Béverlei* et de plusieurs autres ouvrages intéressans, étoit sage dans ses écrits : ses mœurs étaient pures, son commerce doux, gai, sûr ; sa conduite et sa probité le rendaient cher à ses amis, et recommandable à tout le monde. C'est avec un ressouvenir bien doux à mon cœur et à ma vanité que je me rappelle les charmes de sa société et de l'amitié qu'il me portait.

Les quatre principaux personnages de Blanche étaient représentés par le Kain, Molé, Brisard et moi. Les bontés habituelles du public, nos efforts pour les justifier, et l'intérêt que présentait l'ouvrage,

vrage, ne nous permettaient pas de douter du succès : nous comptions sur-tout sur le suffrage des femmes; les passions douces et pures dictées par leur éducation proportionnée à la délicatesse de leurs organes commandés par le devoir d'épouse et de mère, et si consolantes pour la raison qui s'éclaire et la beauté qui se passe, nous paraissaient d'un effet immanquable. Notre espoir fut déçu : les femmes nous abandonnèrent, l'essaim de la jeunesse les suivit; il ne nous resta pour spectateurs que quelques hommes revenus des erreurs et las du fracas du monde; et malgré le mérite de l'auteur et nos talens, l'ouvrage n'eut qu'un succès médiocre. Le désir d'acquérir de nouvelles lumières qui pussent ajouter à mon talent, l'habitude de me rendre compte de tout, me fit chercher le pourquoi d'un abandon que je ne concevais pas. On me dit : l'amour, la pureté, les devoirs ne sont plus pour nous que de vieilles chimères dont le nom seul importune nos nouvelles mœurs.

SUR M. DE LA TOUCHE,

ET SA TRAGÉDIE D'IPHIGÉNIE EN TAURIDE.

M. Guymond de la Touche, auteur d'Iphigénie en Tauride, était mon intime ami ; jamais je ne me rappelerai sa perte sans éprouver les plus pénibles regrets ; mais quoi qu'il puisse en coûter à mon ame, je veux, je dois parler de sa tragédie, et tenter, en le faisant connaître lui-même, d'intéresser ceux qui le chérissaient, et de ramener ceux qui l'ont critiqué.

Né de parens distingués et très-pieux, après avoir fait toutes ses études, M. de la Touche entra dans la Société des Jésuites à l'âge de quatorze ans. Pénétré du désir de pratiquer sa religion, et de s'instruire à fond de tout ce qui la fait naître et de tout ce qui la soutient, il se prescrivit de ne jamais sortir de son couvent, d'y mener la vie la plus solitaire, et de donner tous ses momens à l'étude de la théologie et de l'histoire. Après quatorze ans de recherches, il osa s'avouer que ses doutes s'augmentaient de jour en jour ; il se dégoûta de son état, et le quitta.

Absorbé par l'importance de ses réflexions, éloigné de tout objet tentateur, ses sens étaient restés dans le calme le plus heureux ; il n'avait nulle idée du monde dans lequel il rentrait : nos mœurs, nos usages l'étonnaient et l'intimidaient également ; et l'embarras de son maintien dans son nouveau vêtement, la réserve, la crainte, la pudeur, dont il s'était fait des habitudes, permettaient de croire à ceux qui ne le connaissaient pas, qu'il était, au plus, un homme fort médiocre ; mais sa scrupuleuse probité, sa franchise, la naïveté et la simplicité de ses expressions, la profondeur de ses connaissances, en faisaient l'être le plus intéressant, pour ceux qui le voyaient habituellement et qui obtenaient sa confiance. Ses premiers momens de liberté furent donnés aux spectacles, dont il entendait parler sans cesse, sans pouvoir se faire une idée de leur effet. La tragédie le passionna; mon jeu lui plut : il fit son Iphigénie avec une rapidité incroyable. Madame la marquise de Graligny, chez laquelle il demeurait, me fit connaître et l'auteur et l'ouvrage. La modestie de M. de la Touche, sur les louanges, et sa docilité sur les corrections, furent un objet de comparaison bien nouveau pour moi.

Je présentai sa pièce aux comédiens, qui, frappés de trouver tant de beautés dans un premier ouvrage, le reçurent sans exiger de corrections. Cependant le jour même où nous devions donner la première représentation de cette pièce, à la répétition que nous en fîmes le matin, nous trouvâmes tant de défauts dans le cinquième acte, que nous prîmes sur nous de demander à l'auteur le changement de la catastrophe, et de cent et quelques vers, lui promettant de ne point nous séparer et d'apprendre tout ce qu'il voudrait faire. Il était près d'une heure : cet acte fut refait en entier, appris, répété;

on leva la toile à cinq heures et demie, et la pièce eut le plus grand succès. Cet effort demandait sans doute le zèle, la mémoire, et l'intelligence des comédiens de ce temps là. Mais quel devait être le mérite d'un homme, faisant un plan et deux cents vers nouveaux, en deux heures de temps, entouré de vingt personnes écrivant sous sa dictée, et n'ayant alors nulle connaissance et du théâtre et du public qui l'allait juger ? Ma raison m'ordonne de me défier de mes faibles lumières, et de l'enthousiasme qu'inspire l'amitié ; mais sans prononcer sur ce que M. de la Touche pouvait être un jour, il doit m'être permis de croire que l'étude de Corneille, de Racine et de Voltaire, aurait classé ses idées, formé son style, développé le génie qu'il tenait de la nature, et qu'enfin il aurait mérité qu'on le comptât à la suite de ces trois grands hommes.

Sa mort aussi prompte qu'extraordinaire, nous a privés de la seconde tragédie qu'il travaillait. Il m'en avait confié le sujet ; mais se méfiant de lui-même, voulant connaître la portée de son talent, il s'était prescrit de ne communiquer son ouvrage à ses amis, que lorsqu'il le croirait absolument fini, et de s'en rapporter à leur approbation ou à leur critique, pour suivre ou quitter cette carrière. Cet ouvrage a été soustrait, on n'a jamais pu le retrouver ; sa seule Iphigénie nous reste. Je ne me permettrai point d'en pallier les défauts et d'en faire valoir les beautés ; je me borne à guider mes compagnes dans les pénibles chemins des divers personnages que j'ai représentés. Celui-ci m'offre peu de remarques à faire, il est un depuis le premier vers jusqu'au dernier ; il doit suffire à l'être intelligent de lire la pièce avec attention, pour ne point s'égarer. Cependant cette unité pourrait paraître monotone, si la mobilité de la physionomie, et la variété des inflexions, n'offraient pas graduellement des tableaux plus vifs et plus touchans. Connaissez vos forces, vos ressources, ménagez-les avec adresse, distribuez-les avec intelligence, et faites-les arriver au but sans vous ralentir dans la carrière, sur-tout variez les deux genres de larmes que vous avez à répandre : celles que vous donnez à la continuité de vos malheurs doivent couler avec amertume et déchirement; celles que vous donnez à l'humanité doivent être faciles et douces.

Tandis qu'on ôte les chaînes des captifs, au second acte, descendez du fond du théâtre, arrêtez-vous avec noblesse et compassion sur la même ligne que Pilade, qui se trouve le premier; examinez-le sans aucun surcroît de douleur; descendez ensuite pour regarder Oreste, et que sur votre premier coup-d'œil je puisse m'assurer que cette vue vous étonne et vous trouble; prenez bien le temps de l'examiner, et sans le perdre de vue, prononcez ensuite d'une voix basse, agitée : *Quels traits et quel maintien*.....

Dans la même scène, lorsque vous voulez interroger Oreste, et que Pilade s'empresse à répondre pour lui, regardez ce dernier d'un air imposant, mêlé de douceur, et par un geste noble et moelleux, prescrivez-lui de se taire et de s'éloigner.

Que toutes vos questions sur votre famille soient faites avec la plus grande simplicité.

Ne laissez appercevoir de votre joie et de votre douleur que ce que la force de la nature arrache malgré vous au secret que vous voulez garder; plus vous aurez fait d'efforts pour retenir vos larmes, et plus ces larmes seront touchantes, quand vous leur permettrez de couler. Tous ces riens sont de la plus grande importance. Je ne me suis jamais permis de négliger une situation, ni même un mot. Tout ne doit pas être dit de manière à faire un effet sensible; mais tout doit avoir une valeur quelconque. Dans le cours de la pièce, Iphigénie n'offre qu'un caractère doux, sensible, humain; malgré l'excès de ses malheurs, elle n'ose se permettre que les plaintes les plus mesurées. Seulement au cinquième acte en disant:

Mais de quel droit ici me commande ta rage?

et dans tout le reste de cette scène, il faut qu'elle réunisse toute la fierté d'une grande naissance, tout l'imposant d'un mystère sacré, tout ce que la vertu doit donner d'audace et de courage.

J'avais prié qu'on ne me doublât point dans ce rôle, tant que je resterais au théâtre, l'amitié me faisait craindre les fautes indispensables de l'inexpérience : je ne le jouais jamais moi-même sans faire de nouvelles recherches. Le désir d'avoir un grand talent, me tourmentait encore plus pour ce rôle que pour tous les autres. J'ai pris sur moi, depuis ma retraite, d'aller l'entendre par deux actrices différentes. L'une décente, noble, belle, est loin de la sensibilité que je désirais ; l'autre, assez jolie, mais sans caractère et grimacière à l'excès, m'a d'autant plus révolté par l'indécence de ses attouchemens, par la basse familiarité de son débit, qu'elle tient de la nature quelques sons touchans qui pourraient faire couler des larmes.

Je m'étois persuadé qu'on ne voulait

voir une tragédie que pour s'élever au-dessus de soi-même, que pour recevoir des grands personnages de l'antiquité les exemples les plus imposans de noblesse, de décence, de courage, de grandeur d'ame, et qu'il serait affreux de ne montrer qu'une simple grisette à ceux qui s'attendent à voir une grande reine. Si vous voulez me prouver du talent, élevez-vous jusqu'au personnage que vous représentez ; en le faisant descendre jusqu'à vous, vous ne prouvez que votre ignorance.

Les deux Électres.

Je crois n'offenser aucune de celles qui suivent la même carrière que moi, en supposant qu'elles auront toutes autant d'ignorance, de défauts et d'amour-propre que j'en avais dans ma jeunesse.

Les applaudissemens qu'on accordait aux espérances que je donnais pour l'avenir, les vers qui m'étaient adressés de toutes parts, les adulations des soupirans qui remplissent les foyers des spectacles, l'exagération des sots et la jalousie de mes compagnes me permirent de croire que j'étais le plus grand sujet qu'on eût encore vu. Quand on me prononçait les noms de mesdemoiselles Lecouvreur et de Seine, j'éprouvais ce dédain que la plus grande partie de celles qui m'ont succédé éprouvaient lorsqu'on me nommait. Cela doit être ainsi : mais tôt ou tard, il faut apprendre à se connaître, il faut se corriger, et, plus nous prolongeons nos erreurs sur nous-mêmes, plus nous nous éloignons de la vérité qu'il faut chercher, découvrir et suivre pour avoir du talent. Tout en proposant mes principes pour le théâtre, on me pardonnera sans doute de présenter mon exemple sur le danger de trop de vanité.

Mademoiselle Lecouvreur n'existait plus ; je ne pouvais pas la juger. Mademoiselle de Seine, retirée du théâtre depuis dix ans, suivait exactement mes débuts, et les applaudissemens qu'elle me donna, sur-tout dans le rôle d'Electre qu'on assurait avoir été son triomphe, achevèrent de me tourner la tête.

Je remuai ciel et terre pour la connaître et pour obtenir qu'elle voulût bien me dire des vers : un ami commun me procura l'un et l'autre.

Lorsqu'elle entra dans la chambre où j'étais, je ne vis qu'une femme déjà sur le retour, n'annonçant rien de l'imposant que je craignais de trouver; mal-coiffée, mesquinement mise, sans autre maintien que celui de l'insouciance; le son de sa voix et les petits riens qu'elle prononça, m'auraient permis de croire, en ne la regardant pas, que je n'entendais qu'un enfant volontaire et dédaigneux. Je triomphais. Ses refus de dire des vers devant moi me parurent autant d'aveux de son insuffisance que de ma supériorité. Enfin, elle consentit à répéter la scène d'Electre au troisième acte, et j'arrangeai dans ma tête le petit compliment bien tourné, bien honnête et bien faux, que je ne pouvais me dispenser de lui faire,... mais l'air de dignité qu'elle prit en se levant, en rangeant des chaises pour se faire un théâtre et des coulisses, le changement que je vis dans tout son être, à mesure que le moment de parler approchait, changèrent aussi toutes mes idées; ma vanité se tut, je sentis que quelques larmes me roulaient déjà dans les yeux; et lorsqu'elle parla, les accens de son désespoir, la douleur profonde de son visage, l'abandon noble et vrai de tout son être, vinrent se réunir dans mon ame pour la pénétrer, l'éclairer, et m'entraîner à ses pieds; là, pour me punir de mon impertinente présomption et m'en corriger à jamais, j'en fis l'aveu.

L'émulation nous est nécessaire; nous ne ferions point de progrès sans elle; mais gardons-nous des erreurs de la vanité.

Parlons maintenant des deux Electres qui sont au théâtre.

L'une et l'autre sont le même personnage, elles sont dans la même position, et le manque d'instruction peut permettre de croire qu'on peut, qu'on doit les jouer l'une comme l'autre. Lorsque j'appris celle de Crébillon, je savais à peine ce que c'était qu'Agamemnon, sa famille et ses malheurs ; l'Histoire, Sophocle, m'étaient également inconnus ; je ne vis dans ce rôle qu'une princesse affligée de la mort de son père, désirant la perte de ses assassins. Ces sentimens me parurent faciles à rendre : ils sont dans tous les cœurs honnêtes ; elle aime, cela est encore tout simple ; son choix, à la vérité, me paraissait un peu mesquin ; cependant rien ne m'effraya, rien ne m'arrêta, et le public trouva bon que je jouasse la pièce comme elle était faite. Mais, quand après quelques années de travail et de réflexions, je voulus donner à ce rôle le caractère national et les traits consacrés du personnage, je ne sus plus où me retrouver ; ces sentimens d'amour et de vengeance ne m'offrirent plus que des résultats impossibles à concilier. En aimant le fils de son oppresseur, le fils de l'assassin d'Agamemnon ! en s'abandonnant à une passion qu'aucun héroïsme, aucun espoir de vengeance ne pouvait justifier, Electre ne me parut plus qu'un personnage manqué, avili; qu'un mélange d'or et de boue dont il était au-dessus de mes forces de faire un ensemble supportable. J'y renonçai ; et selon ce que j'avais à dire, je fus alternativement une grande princesse et une femmelette ; aussi me laissai-je doubler dans ce rôle autant qu'on le voulait, et je le quittai pour jamais du moment que l'Electre de Voltaire parut. Ah! le beau rôle que ce dernier! comme il s'annonce, se développe, se soutient! Quel grand caractère! quelle belle unité ! Si l'on m'avait obligée à n'en plus jouer qu'un seul sur le théâtre entier, j'aurais choisi celui-là, non que je ne rende à beaucoup d'autres le tribut d'admiration qu'ils méritent, non que je n'eusse infiniment de plaisir à les jouer; mais mon goût de recherche pour l'antiquité, cette volonté que je m'étais faite de transporter tous mes personnages dans les temps et les lieux dont ils étaient, me donnait souvent beaucoup de peine ; et malgré mes efforts, il en est plusieurs qu'il m'a fallu laisser à mon siècle et à la France : on n'a rien à dissimuler, rien à prêter à celui-ci ; le seul travail qu'il exige est d'élever son ame et son génie jusqu'à lui.

O qui que vous soyez ! vous, qui possédez ce rôle, instruisez-vous, observez-vous, ne lui prêtez rien ; tout être ordinaire est au-dessous de lui : faites-lui le sacrifice de vos habitudes, de vos affections personnelles ; oubliez que vous êtes jolie, gardez-vous de chercher à le paraître ; ne mettez dans votre toilette que l'art qui peut m'assurer que je vois la belle nature sans art ; qu'aucun colifichet, aucune draperie élégante ou tortillée ne vienne gâter la noble et touchante misère dont vous devez m'offrir le tableau.

Electre a plus de trente ans : il y en a quinze que le malheur et la douleur l'accablent ; je veux lire sur votre visage la profondeur des maux qui durent depuis

si

si long-temps, j'y veux reconnaître la trace des larmes qu'ils ont coûtés.

N'oubliez point qu'à la longue, la source des pleurs se tarit; leur abondance constate le malheur récent, et par des gradations insensibles, il faut marquer la distance du moment actuel au premier moment. Electre ne doit point verser de pleurs dans les deux premiers actes : ce qu'elle dit indique qu'elle voudrait, qu'elle aurait besoin d'en répandre, mais ce soulagement calmerait l'impétuosité de son caractère, et par conséquent l'affaiblirait. Pour parvenir à mouiller seulement mes paupières, à faire sauter quelquefois une larme de mes yeux, je joignais à des accens continuellement douloureux une contraction dans l'estomac qui faisoit trembler mes nerfs, une espèce d'étranglement dans la gorge qui gênait mes paroles, ma respiration retenue et coupée indiquoit l'agitation de mon ame. Tous ces moyens sont autant destructifs pour nous-mêmes qu'utiles pour notre talent : je le sais, je le sens; mais dans

K

quelque état que ce puisse être, de quel prix peut être la vie, s'il faut qu'elle s'écoule sans gloire?

La scène de l'urne exige l'abondance des larmes : c'est un malheur nouveau, c'est le complément de tous ; il force toutes les barrières ; mais tirez-les du fond de votre ame, et que, sans cris, sans efforts, elles soient les plus déchirantes possibles. Au quatrième acte, en disant:

> Mon sort, à vos destins, n'est-il pas asservi, etc.

pénétrez-vous, par gradations, de ces douces et consolantes larmes, qu'arrache quelquefois un amour pur et rassuré.

Ressouvenez-vous, sur-tout, que la véritable grandeur a la simplicité pour base ; qu'un grand caractère, de grands projets, de grands malheurs, demandent l'accord le plus imposant dans la physionomie, les inflexions, la démarche et les mouvemens ; et, comme moi, sans vous flatter jamais d'atteindre à sa perfection, faites au moins l'impossible pour en approcher.

RÉFLEXIONS
DE MADEMOISELLE C ***,
SUR ELLE-MÊME,
ET SUR L'ART DRAMATIQUE.

NOTE DE L'ÉDITEUR.

Pour donner des éclaircissemens sur ces réflexions, je crois devoir redire mot pour mot ce que mademoiselle C **** me confia avant de m'en faire la lecture.

« Vous savez, mon ami, que j'avais
» dix-huit mille livres de rente, lorsque
» j'ai quitté la comédie. M. l'abbé
» Terrai vient de m'en ôter quatre. Je
» suis forcée de renoncer à mes jolis
» petits soupers et même à ma maison.
» Le comte de V **** m'avait prié de
» laisser en mourant mon cabinet à l'un

» de ses neveux, et vous savez que j'ai
» toujours fait tout ce qu'il a voulu.
» Quoiqu'il me doive tout, et qu'il jouisse
» aujourd'hui de plus de cent mille
» livres de rente, l'idée de lui de-
» mander un secours, ne m'a pas passé
» par la tête. Vous me connaissez ; ainsi
» vous le croyez sans peine. J'ai mandé
» mon malheur à mon ami pour lui
» prouver la nécessité de retirer ma pa-
» role, et de vendre mon cabinet : Voici
» sa réponse : »

« ...... Riche comme je suis, la
» vente de votre cabinet me désho-
» norera; je vous demande en grâce de
» chercher un autre moyen de vous
» tirer d'affaire.... Je n'ai jamais si bien
» connu l'horreur du désordre que dans
» ce moment; j'ai plus de cent mille
» livres de rente, et je n'ai pas vingt-
» cinq louis à offrir à mon amie, etc. »

Voici ma réponse :

« Vous êtes dans une position si fâ-
» cheuse, mon pauvre comte, que j'en
» ai réellement pitié. Je ne vous ai rien

» demandé, je n'attends rien de vous;
» je trouverai toujours les moyens de
» vivre dignement avec ce que le sort
» me laissera : soyez tranquille sur ce
» point. Je vous offre même de vous en-
» voyer cinquante louis, si vous en avez
» besoin ; je les ai, et si je ne les avais
» pas, je ferais comme autrefois : je ven-
» drais ce que j'ai pour vous l'offrir. »

« Je n'ai pas besoin de vous dire,
» continua-t-elle, que mon ame était
» blessée : vous le voyez-bien ; cette
» petite vengeance soutint mon courage
» quelques momens ; mais toutes les
» réflexions que j'étais forcée de faire,
» me plongèrent bientôt dans une dou-
» leur sombre, dont j'avais tout à
» craindre pour ma vie, et qui me fit
» un peu murmurer contre la providence.

» Je ne suis point dévote, vous le savez;
» mais je n'en respecte pas moins tout
» ce que je dois respecter. Les principes
» que je me suis faits, me rendent scru-
» puleusement juste ; mon ame tendre
» me ramène aisément à mes devoirs.

» J'osai me demander ce que j'avais à
» prétendre, et de quoi je me plaignais.
» Cette question fit passer tant d'idées
» différentes dans ma tête, elles se suc-
» cédaient avec tant de rapidité, qu'il
» me parut impossible d'en retirer aucun
» fruit. Je jugeai convenable de les
» écrire; au courant de la plume, je
» traçai mes onze premières questions
» ou réflexions, comme il vous plaira les
» appeler; et ce n'est qu'après plusieurs
» années d'intervalle, que j'ai complété
» ce que je vais vous lire. Mes différentes
» études sur moi-même ont réussi; mon
» ame a repris son équilibre; et je n'y
» trouve plus que la résignation que je
» dois au grand moteur de tout. Ecoutez
» donc maintenant ce que je nomme mon
» agenda. »

AGENDA.

PREMIÈRE RÉFLEXION.

Mon état habituel est la souffrance... Je vois que c'est celui de la plus grande partie de l'humanité. La nécessité de mes études, de mes travaux, la misère que j'ai souvent éprouvée, les contrariétés, la sensibilité de mon ame, un amour violent et continuellement malheureux par les infidélités ou l'absence, tout cela n'a pu permettre que je me trouvasse dans le petit nombre des êtres privilégiés que l'infortune et la douleur respectent; mais j'en vois de plus méritans et plus à plaindre que moi. Il faut donc m'armer de patience et de raison; être sobre, mesurer mes forces, borner mes désirs, espérer tout du temps, de mon courage, de ma vanité même; et pour me consoler de ce que je souffre, songer à tout ce que je ne souffre pas.

Deuxième Réflexion.

Autant qu'il me sera possible, je dois dérober à toutes les personnes que je vois, la connaissance de mes infirmités et surtout de mes chagrins. Tout est égal aux indifférens : les sots font des commentaires, les méchans triomphent, l'amitié s'afflige ; eh ! chez ces derniers même l'ennui, le dégoût, suivent de près la compassion ! Je n'ai presque jamais retiré de mes plaintes que des avis inutiles ou des convictions déchirantes.

Il faut donc tâcher d'acquérir assez de grandeur, de courage pour suffire seule à mes peines, et pour ne montrer chez les autres et chez moi, que les agrémens qui peuvent me faire désirer.

Troisième Réflexion.

Je ne dois jamais oublier que je suis née dans l'obscurité la plus profonde ;

en murmurer serait un crime, en rougir, une sottise. Tout ce que je puis, est de réparer cette volonté du sort par la douceur, l'honnêteté, l'égalité d'humeur, les connaissances de l'esprit et les vertus de l'ame.

Quatrième Réflexion.

N'étant rien, et voulant vivre avec les hommes, je dois apporter l'attention la plus scrupuleuse à surmonter la fierté de mon ame ; c'est un dédommagement que la nature ne m'a donné que pour moi ; on en fait toujours un crime à celui qui n'a ni naissance, ni fortune, et je ne dois la manifester qu'en me tenant à ma place, sans prétention et sans bassesse.

Cinquième Réflexion.

Victime de la calomnie la plus injuste et la plus atroce, je serais inexcusable de croire avec légéreté. Tout ce que j'ai souffert doit être ma règle pour juger les autres ; et quand mes yeux me convaincront que ce qu'on dit de tel ou tel est vrai, il faut descendre dans mon cœur, pour excuser ce qui n'est que faiblesse, et m'interdire de prononcer sur quoi que ce puisse être.

Sixième Réflexion.

Quelque médiocre que soit ma fortune, il faut pour m'en contenter, me rappeler d'où je suis partie, oser m'avouer à moi-même que des talens, utiles seulement à des plaisirs momentanés sont assez payés par une aisance honnête ; rendre grâce au sort de n'avoir fait nulle démarche honteuse pour l'accroître ; borner mes désirs et mes besoins à ce que je puis sans le secours de personne ; et ne tourner mes regrets que sur le peu de possibilité d'être utile aux malheureux.

Septième Réflexion.

L'ingratitude ne s'est point contentée d'oublier mes services; elle en a souvent fait des armes qu'elle donnoit à la méchanceté pour m'affliger, me nuire et dégrader mon cœur. Rebutée par des procédés incroyables, j'ai voulu quelque temps renoncer à faire le bien; j'avais tort. Une ame honnête et sensible veut en vain se fermer aux cris de l'infortune; le danger de faire des ingrats ne peut se comparer à l'horreur de laisser l'innocence et la vertu gémissantes; et, ne pas faire tout le bien qu'on peut, c'est être ingrat envers l'humanité. Qu'importe la reconnaissance? C'est assez de pouvoir se dire: il est un malheureux de moins! Et peut-être mon cœur trop tendre n'aurait pu suffire si je n'en avais trouvé que de reconnaissans. Mais je crois qu'il est nécessaire de ne jamais aller plus loin qu'on en est requis; comme on ne peut pas tout, il faut ne pas s'ôter les moyens de venir au secours d'un autre; la nature ne donne pas le même degré d'élévation à toutes les ames; il en est peu d'assez nobles pour sentir tout le charme de la reconnaissance, et toutes celles qui ne le sentent pas, sont nulles ou possédées par l'envie; plus on fait pour elles, plus on les irrite; et c'est manquer également de prudence et d'humanité, que de mettre les hommes en état de devenir méchans.

Huitième Réflexion.

Si je ne puis détourner les conversations sur la religion, il faut au moins m'abstenir de m'en mêler. Il est certain que les femmes en parlent plus par air que par conviction, et que les plus honnêtes d'entre nous se taisent. J'ai lu, réfléchi, écouté; la raison, l'évidence me forcent à convenir que je vois partout l'intérêt, le mensonge et la faiblesse; mais le point important reste toujours dans le doute. Suis-je libre ? Suis-je guidée ? J'entends soutenir le pour et le contre par les plus honnêtes gens du monde; mais aucune de leurs solutions ne m'indique ce qui meut l'Univers. En m'interrogeant moi-même je vois que la faiblesse de mes organes me ramène sans cesse à la crainte; que je ne puis me suffire dans aucune de mes peines. Quelque soin que j'apporte à mon repos, à ma conservation, je trouve toujours ma raison et ma force insuffisante; il m'est impossible de prévoir, d'arrêter la chaîne des événemens : j'ignore de quelle manière et dans quel temps la mort viendra me frapper; je ne puis rien enfin d'essentiel pour moi-même; et ne point faire le mal est tout ce que je peux pour les autres. Dans cet état d'ignorance et de misère, me convient-il de raisonner et de rejeter un appui ? Je n'ai point les vices qui font tout braver; je n'oserais me répondre des vertus qui contiennent : tendre, craintive, souffrante, malheureuse, il m'est affreux d'avoir à me dire encore que rien ne s'intéresse à mon existence; que tout est égal et perdu. Il faut donc me ramener sans cesse à tout ce qui me permet de croire qu'un être tout puissant veille sur moi. Doute pour doute ; préférons du moins celui qui console, et soutient le courage en lui promettant un prix.

Neuvième Réflexion.

Je me trouve quelquefois des mouvemens de hauteur dont je ne suis point la maîtresse, et que j'entretiens peut-être avec trop de complaisance pour mes idées.

Je voudrais combler tout le monde de bien et n'en recevoir jamais de personne. Est-ce grandeur d'ame ? est-ce, sans m'en douter, excès d'orgueil ? Mon premier apperçu m'afflige ; je me vois des torts ; mon bonheur a voulu que je pusse obliger quelquefois, pourquoi ne pas permettre qu'on s'acquitte ? pourquoi gêner la délicatesse, la fierté, la reconnaissance qu'on peut avoir au même degré que moi ? Ma condamnation est dans mon cœur : il me serait insupportable de ne pas m'acquitter ; je taxerais de sottise ou d'insolence celui de mes égaux qui voudrait m'en ôter les moyens; ce que je sens pour moi, doit être ma règle pour juger les autres.

Il faut donner sans rien prétendre; ne rien recevoir au-dessus de ce qu'on donne, et permettre l'équivalent. Recevoir en pur don est sûrement la plus grande preuve de respect ou d'attachement qu'on puisse donner, puisque c'est engager son opinion, sa délicatesse et sa liberté. Si celui qui donne est estimable; si c'est de considération ou d'amitié qu'il vous oblige; s'il vous permet de croire qu'en recevant vous lui prouvez attachement, estime ou respect, il faut accepter sans doute et regarder comme un grand bien de pouvoir s'abandonner aux doux sentimens de la reconnaissance. Mais recevoir d'un protecteur qui n'est que fastueux, d'une simple connaissance, d'un ami superficiel, d'un amant qu'on ne peut se promettre de garder, d'un infortuné qui vous implore, c'est vendre à l'intérêt, de la façon la plus honteuse, son opinion, sa liberté, sa délicatesse, et ses services. Je ne le ferai jamais.

Dixième Réflexion.

Avons-nous le droit d'exiger que les hommes soient aussi attentifs, aussi tendres, aussi constans que nous? Tout ce qui se présente à mon imagination m'en démontre l'impossibilité.

La différence de nos forces physiques, de nos éducations, de nos préjugés, de l'emploi de notre temps, tout me dit que nos prétentions sont folles, et que les hommes ne sont que ce qu'ils doivent être; nous ne devons raisonnablement leur demander que deux choses, qui sont de ne pas nous tromper, et surtout de ne pas nous séduire. Il est honteux de se contrefaire et de se jouer d'un être faible qui n'a nul moyen de vengeance; il est abominable de chercher à corrompre la vertu d'une femme déjà mariée, ou l'innocence d'une fille qui peut l'être; porter le trouble et le désespoir

désespoir dans le sein des familles, livrer des biens à de faux héritiers, d'une part; de l'autre, en faire que la loi flétrit et rejette, dévouer des ames honnêtes à la honte, aux remords que le temps amènera, me paraît le plus grand, le plus punissable des crimes; et si l'homme qui le commet ne l'expie pas toute sa vie par ses soins, son attachement, sa constance, il est sans doute ce que la nature a formé de plus méprisable.

Mais pardonnons à ceux qui ne suivent que le courant des liaisons volontaires, et convenons de bonne foi que nous en ferions autant qu'eux si nous l'osions.

Onzième Réflexion.

C'est presque sans réfléchir sur elles que nous accumulons nos années. La douce prévention ou la fausseté de ceux qui cherchent à nous plaire, la délicatesse de nos amis, l'aveuglement de notre vanité, nous empêchent d'appercevoir chaque jour le ravage que chaque jour amène; ne laissant souvent après nous qu'un triste souvenir de nos égaremens et de nos ridicules prétentions, il doit être une façon d'exister convenable à chaque âge : la nature prévoyante et bonne a dû songer à nous procurer les plaisirs et les dédommagemens de tous les temps, et la raison doit nous défendre d'en prétendre d'autres. Voyons quelles peuvent être les consolations du mien.

En réfléchissant bien à tout ce que les passions ont de dangereux et de pénible, je crois devoir me féliciter de n'avoir plus dans mon sang l'effervescence qui les fait naître et les nourrit. Heureusement pour moi, je n'ai jamais connu que celle de l'amour : les titres et les biens ne m'ont jamais séduite ; l'envie, la haine, la vengeance n'ont occupé mes pensées, que relativement à mes études théâtrales, et plus je les ai connues, plus je les ai détestées. Un sentiment tendre est donc le seul que j'aie à regretter; mais, en renonçant à l'amour, je ne suis point forcée de renoncer à mon cœur; l'amitié, l'humanité peuvent encore le remplir. En étendant, sur plusieurs êtres, la tendresse dont il est susceptible, le malheur de trouver un ingrat sera compensé par la consolation de compter sur beaucoup d'autres individus. La perte d'un objet unique ne nous laisse que le choix d'un désespoir qui nous consume, ou d'une vengeance qui nous avilit. A cet égard, je suis donc mieux. Le plaisir des sens n'est, pour les ames vraiment tendres, que le dernier besoin, et le plus faible accessoire du bonheur. Le sacrifice m'en paraît facile, si la raison ou la nécessité font renoncer à l'amour. Au fait, que nous laisse-t-il à regretter? Du délire, des risques, de grossières jouissances: toutes leurs suites sont également dangereuses pour nous; elles attachent les femmes, et détachent les hommes; elles nous dégradent, et les honorent; elles nous rendent craintives et soumises, et ne font d'eux que des fats ou des tyrans. Assurément, il n'y a rien, dans ce ridicule marché, qui puisse exciter un regret.

Mais, retirée du théâtre et sans amour, que puis-je substituer aux occupations que l'un et l'autre me donnaient? Mon ame active a besoin d'aliment; mon goût et ma santé ne me permettent pas d'aller et de venir sans cesse, et les conversations frivoles qu'on va chercher dans le monde, ne valent guère la peine de se déranger. Je ne suis point assez riche pour avoir une maison ouverte : je suis trop difficile pour m'accommoder de tout indistinctement; et sans titres, sans galanterie, sans intrigue, sans richesses, je dois m'attendre à n'être pas fort recherchée. Tous les jours, le changement d'état, l'éloignement, l'âge, la mort, m'enlèvent des amis, et je dois trouver tout simple qu'on oublie mon existence, puisqu'elle n'est plus utile à rien. A peu de chose près, il ne me reste plus que moi.... Comme la Médée de Corneille, j'oserai dire : *C'est assez.*

J'ai fait les plus grandes recherches

pour parvenir à connaître les hommes de tous les temps et de tous les pays : cherchons à me connaître moi - même. Cette étude est assez importante pour m'intéresser et remplir tous mes momens.

Je jouirai, d'une façon douce, de tout ce que je pourrai me trouver de méritant. Je ferai l'impossible pour réparer ce que j'aurai fait de répréhensible. Détruire mes défauts, former mon ame à la vertu, la rendre supérieure à tous les événemens, me mettre à portée d'apprécier la folie de toutes les prétentions qu'on voit dans le monde, mériter enfin que je me pardonne et m'estime moi-même : voilà, je crois, les moyens les plus sûrs de me faire supporter, et, peut-être, chérir ma solitude. Le repos du corps et la paix de l'ame, des livres, des réflexions, l'attention suivie de rendre heureux tout ce qui m'entoure, me feront achever ma vie sans impatience sur sa durée, et, j'ose l'espérer, sans faiblesse sur sa perte. A mon âge et dans ma position, voilà sûrement ce que je peux désirer de mieux. Je m'y tiendrai.

Douzième Réflexion.

Pour remplir le devoir que la raison m'impose, pour être en état de me juger moi-même, je crois devoir remonter aux principes de tout.

Que suis-je ? Qu'a-t-on fait ? Qu'ai-je pu ?

Première Époque.

La providence m'a déposée dans le sein d'une bourgeoise pauvre, libre, faible et bornée... Mon malheur a précédé mon existence.

Née à sept mois, je n'ai dû recevoir de la nature qu'une constitution faible, également fâcheuse et contraire aux développemens de mon physique et de mon moral.

Nulles caresses, nulles douceurs, nuls soins n'ont soutenu mon enfance; aucune idée d'art, de talent, de connaissance quelconque, n'a favorisé mon éducation; lire est la seule chose que je susse à l'âge de onze ans; mon catéchisme et mon livre de prières étaient les seuls livres que je connusse; des contes de revenans et de sorciers, qu'on me disait être des histoires véritables, c'était tout ce dont on m'entretenait.

Une femme violente, ignorante et superstitieuse ne savait que me tenir inactive dans un coin, ou m'appeler auprès d'elle pour me faire trembler sous ses menaces et ses coups. Mon horreur pour le travail des mains, où l'on vouloit m'assujétir, était cause de ce traitement: et ce traitement redoublait mon horreur pour le travail; j'ignore où j'avais puisé mes dégoûts : mais je ne pouvais supporter l'idée de n'être qu'une ouvrière. Ce dont je suis bien sûre, c'est de devoir aux contrariétés, au malheur de mon enfance, l'ame la plus compatissante et la plus décidée. Je n'ai fait mon état, je n'ai soutenu mon existence physique et morale que par les ressources que m'ont procuré ces deux qualités.

A l'âge de onze ans, le sort eut enfin pitié de moi ; il obligea ma mère à changer de logement ; ma position était toujours la même : mais des voisins, touchés de l'état de langueur où mon malheur me réduisait, de ma figure, de la beauté de mon organe, de quelques marques de jugement, d'une douceur inaltérable, quand on ne me présentait point d'aiguilles, obtinrent qu'on me laisserait quelque temps à moi-même sans en rien exiger. Je respirai pour la première fois, sans avoir à me plaindre. Mais soit par suite de caractère, soit qu'on voulût se débarrasser de moi, on m'enfermait souvent seule dans une chambre qui donnait sur la rue ; là, sans aucuns moyens de m'occuper, n'ayant pas même la possibilité d'ouvrir la fenêtre et de voir les passans, je montai, dès le premier jour, sur une chaise pour regarder au moins dans le voisinage. Mademoiselle Dangeville logeait positivement devant moi, ses fenêtres étaient ouvertes; elle prenait une leçon de danse : tout ce que la nature et la jeunesse avaient pu réunir de charmes était répandu sur elle. Tout mon petit être se rassembla dans mes yeux; je ne perdis pas un de ses mouvemens. Elle était entourée de sa famille; la leçon finie, tout le monde l'applaudit, et sa mère fut l'embrasser. Cette différence de son sort au mien me pénétra d'une douleur profonde ; mes larmes ne me permettoient plus de rien voir. Je descendis de ma chaise, et quand mon cœur moins palpitant me permit d'y remonter, tout était disparu.

Autant que ma faible raison pouvait le permettre, je me mis à causer avec moi-même. Je me promis d'abord de ne rien dire de ce que j'avais vu, de peur qu'on ne m'en privât à l'avenir; ensuite j'essayai de sauter et de faire toutes les jolies mines que j'avais vu faire... On vint enfin me tirer de là, en me demandant ce que j'avais fait. Pour la première fois de ma vie, je mentis; je répondis très-prestement : *N'ayant rien à faire, j'ai dormi.* Ce détail peut paraître minutieux à beaucoup de monde; mais il doit faire connaître à ceux qui ont des enfans, la nécessité de ne point perdre leur confiance.

Ce premier tort m'enhardit à faire de nouveaux mensonges. Il développa toute la malice dont je pouvais être susceptible. Je me fis un plaisir de la dissimulation, et toutes ces choses me conduisirent à prendre un dédain pour ma mère, dont mon inexpérience me cachoit toute l'horreur, et qui, dans une ame vicieuse, pourrait conduire aux plus grands malheurs.

Je n'avais plus de momens de repos, que lorsqu'on me mettait en pénitence; heureusement la mauvaise humeur ou les affaires de ma mère, m'y condamnaient souvent. Je courais vite à la fenêtre; le beau temps me favorisait: je voyais jusqu'au fond de la chambre de ma divinité. Je l'étudiais autant qu'il m'était possible : et dès qu'elle disparaissait, je faisais tout ce que j'avais vu faire. Ma mémoire et mon application me servirent si bien, que ceux qui venaient à la maison crurent qu'on m'avait donné des maîtres. Ma façon de me présenter, de saluer, de m'asseoir, n'étaient plus les mêmes. Mes idées se débrouillaient, et mes raisonnemens, mes gentillesses m'obtinrent le suffrage de ma mère même.

Cependant, mon secret me pesait. J'avais un désir extrême de savoir ce qu'était mademoiselle Dangeville ; j'osai me confier à un homme de notre société qui m'avait toujours traitée moins en enfant que les autres. Il m'apprit en gros ce que c'était que la comédie Française, et ce que mademoiselle Dangeville y faisait. Il me promit, de plus, de me faire voir tout cela : il l'obtint, non sans peine. Ma mère ne voyait dans les spectacles que des damnations éternelles ; mais enfin, on me mena voir la représentation du *Comte d'Essex*, et des *Folies amoureuses*. Il n'est point en mon pouvoir de rendre aujourd'hui ce qui se passait alors en moi; je sais seulement que pendant le spectacle et le reste de la soirée, on ne put ni me faire manger, ni me faire articuler une parole. Toute concentrée en moi-même, je ne voyais, n'entendais rien autour de moi : — Allez-vous coucher, grosse bête ; furent les seuls mots qui me frappèrent, et j'y courus. Mais, au lieu de chercher à dormir, je ne m'occupai que du soin de retrouver, de dire, de faire tout ce que j'avais vu; et l'on fut confondu le lendemain de m'entendre répéter plus de cent vers de la tragédie, et les deux tiers de la petite pièce. Cette prodigieuse mémoire étonna moins encore que la façon dont j'avais saisi le jeu de chaque acteur. Je grasseyais comme Grandval; je bredouillais et faisais le saut de Crispin, comme Poisson ; je faisais l'impossible pour attraper l'air fin de mademoiselle Dangeville, et l'air roide et froid de mademoiselle Balicourt. Enfin, on me regarda comme un prodige. Mais ma mère, en fronçant le sourcil, dit qu'elle aimerait mieux que je susse faire une robe ou une chemise, que toutes ces sottises là; ce propos me mit hors de moi-même. Je me voyais soutenue, j'osai dire que je n'apprendrais jamais rien, et que je voulais jouer la comédie. Les injures et les soufflets me forcèrent à me taire; et m'empêcher d'expirer sous les coups, fut tout ce que les spectateurs purent faire.

Ce premier moment passé, on me déclara qu'on me laisserait mourir de faim, ou qu'on me casserait bras et jambes si je ne travaillais pas. Les traits de caractère ne s'oublient jamais, et je me vois encore à ce moment; j'eus la fierté de retenir mes larmes, et de prononcer avec toute la fermeté que mon âge pouvoit permettre : Eh bien! tuez-moi donc tout de suite, car sans cela je jouerai la comédie.

Les traitemens les plus cruels ne purent me faire changer de résolution pendant deux mois qu'ils durèrent, mais je me mourais.

Les préjugés d'une chétive éducation étaient les seuls motifs qui guidassent ma mère ; son cœur foncièrement était bon : mon état la toucha d'autant plus que je ne formais pas une plainte ; elle fut déposer sa douleur dans le sein d'une femme honnête, spirituelle et sensible, pour laquelle elle travaillait. Le fruit de cette démarche, dont je n'ai jamais su le détail, fut de me faire éprouver un sentiment de tendresse dont je n'avais jamais eu la moindre idée. Ma mère en arrivant me prit dans ses bras, m'inonda de ses larmes, et me promit de consentir à ce que je voulais, pourvu que je l'aimasse, que le passé restât dans l'oubli, et que je prisse soin de me rétablir. Ce changement inespéré pensa me coûter la vie ; mais je repris bientôt le dessus : on me mena chez ma bienfaitrice, on me fit entendre à Deshais, acteur de la comédie Italienne ; il fut assez content pour me présenter à tous ses camarades. On me donna mon entrée à ce spectacle ; on me prescrivit ce que je devais apprendre; on m'obtint un ordre de début, et je parus enfin sur le théâtre 1736. n'ayant pas encore douze ans accomplis.

Les applaudissemens que je recevais, consolèrent ma mère du parti que j'avais pris; on me donna des maîtres d'écriture, de danse, de musique et de langue italienne; mon application, mon ardeur, ma mémoire confondaient mes instituteurs : je retenais tout, je dévorais tout; mais ma trop grande jeunesse, ma petite stature, la crainte qu'eut le fameux Thomassin que mon talent ne nuisît à ses filles, dont le sort n'était pas fait, et le manque de protection, me forcèrent, au bout d'un an, à chercher fortune ailleurs. On m'engagea dans la troupe de Rouen pour jouer tous les rôles de mon âge, chanter et danser. Je devais jouer la comédie, tout le reste m'était égal.

RÉCAPITULATION.

JUSQUE-LA je n'ai sûrement rien à me reprocher; je ne connoissais rien, je ne pouvais rien, j'obéissais en aveugle au sort dont je me suis vue toute ma vie, et la victime et l'enfant gâté.

Chaque être a sa destinée prescrite : tout me permet au moins de le croire ; mon expérience, mes réflexions, tout ce que j'ai vu dans le monde, tout ce que j'ai lu dans ses annales me démontre, l'insuffisance de nos combinaisons. Nous pouvons, lorsque nous sommes en état de comparer, distinguer les routes qui mènent à la vertu, celles qui nous entraînent au crime ; nous appercevons nos égaremens, nos travers, nos torts ; nous sentons tout l'avantage d'une conduite pure, d'une action généreuse ; il semble enfin que nous pouvons tout pour nous-même. Mais dans l'impossibilité de tout prévoir, de tout connaître, de dénaturer le sang qui circule dans nos veines, de maîtriser la volonté de ce qui nous environne, je ne puis que reconnaître notre impuissance, et baisser mes regards tremblans devant le sort qui nous conduit.

SECONDE

SECONDE ÉPOQUE.

ARRIVÉE à Rouen, j'eus le bonheur de plaire au public, de me faire des protecteurs. Des femmes respectables à tous égards, m'accordèrent l'entrée de leur maison et me comblèrent, et de présens et de bontés; rien de tout cela n'a changé tant que j'ai resté dans cette ville; et l'une de ces dames (1) m'a conservé, pendant quarante ans, l'amitié, l'estime, et la confiance la plus entière.

Mes appointemens, et ceux de ma mère qui remplissait un poste, suffisaient à notre ménage : je travaillais alors volontiers à tout ce dont nous avions besoin l'une et l'autre, et je n'imaginais pas qu'on pût être plus heureuse que moi.

Une de mes camarades vint loger dans la même maison que nous : elle sut gagner ma mère, et l'engager à la prendre en pension; elle obtint que de temps à autre on vint souper avec nous, et la

(1) Madame la présidente de Bimorel.

compagnie devint de jour en jour plus nombreuse ; ma mère substitua des plaisirs à sa rigidité ; on en parlait, elle s'en moqua. Je grandissais : on put, on dut croire que j'avais ma part au gâteau. Un jeune homme qui me suivoit plus qu'une autre, et qui, je l'avoue, ne me déplaisait pas, passa pour être mon amant : avec la même franchise, je conviendrai que j'ignore ce qui l'empêcha de l'être. Abandonnée entièrement à moi-même, sans aucuns principes sur le bien et le mal, il aurait pu facilement faire de moi ce qu'il aurait voulu, et c'est bien par hasard que je suis sortie de cette ville, au bout de trois ans, aussi pure que j'y étais entrée.

Notre pensionnaire ayant trouvé, je crois, des moyens de se mieux établir, nous quitta : une autre mille fois plus désordonnée prit sa place. Soit qu'on respectât mon âge, soit qu'on craignît, en m'éclairant, de se donner une rivale, je ne voyais rien, et ma tournure d'esprit ne me donnait pas les moyens de suspecter;

ce n'est que long-temps après que j'ai pu savoir tout ce que je me rappelle en ce moment.

Un pauvre diable (1) assez plaisant, faisant des vers, et cherchant par-tout à souper, obtint de ces dames de les venir amuser quelquefois; j'avais tous les jours, ou mon petit couplet de chanson, ou mon quatrain, dans lesquels Vénus et Vesta n'étaient rien en comparaison de moi: mais tout en louant mes charmes et ma vertu, il lui passa dans la tête de jouir des uns, et de chasser l'autre. Connaissant bien les êtres de la maison, sachant un jour que ma mère devait sortir pour affaires, il obtint d'une vieille servante que nous avions, de le laisser pénétrer jusqu'à ma chambre : il n'était que neuf heures du matin; j'étais encore couchée : j'étudiais. Il faisait chaud; nul bruit ne m'avertit de réparer mon désordre; je n'avais pas encore quinze ans, et ma chemise et mes cheveux étaient ma seule couverture. Cette vue ne lui

(1) Il se nommait Gaillard.

permit pas de rester long-temps maître de lui-même : il accourut, voulut me prendre dans ses bras; j'eus le bonheur de m'échapper. Mes cris firent entrer la servante et une voisine qui logeait sur le même carré que moi. Nous prîmes alors les balais, les pelles, et nous chassâmes ce malheureux. Ma mère rentrée, il fut décidé que nous rendrions plainte ; il fut réprimandé par le magistrat, chansonné par la ville, et chassé pour jamais de chez nous. Mais la rage succédant à son amour et ses désirs, il fit sur moi ce dégoûtant libelle qu'on a lu dans toute l'Europe.

J'étais au Hâvre-de-Grâce avec la troupe, lorsqu'il parut ; ma douleur fut au-delà de toute expression. Loin de mes protecteurs, ignorant ce que je devais faire, n'osant, ne devant pas me confier à l'ignorance, la bêtise et l'insouciance, je ne fis aucune démarche pour tirer raison de cet outrage ; ma candeur me permit même de croire que je devais compter sur la justice des hommes. Mais avec plus de lumières, qu'aurais-je fait ? Quelques mois de prison où j'aurais fait condamner ce malheureux, n'auraient pas empêché la publicité du livre ; ma honte prétendue n'en aurait pas moins couru le monde, et la réparation serait restée dans l'oubli. Cependant je sais aujourd'hui que j'ai mal fait de ne pas la demander. Mais sans égard pour l'âge, l'ignorance et l'impuissance de l'opprimé, faut-il donc pour rendre la justice que les tribunaux attendent qu'un particulier leur rende plainte ? Un livre calomnieux dont la pudeur n'ose avouer la lecture, dont l'auteur a l'audace de se nommer, que l'impression fait passer dans les mains de tout le monde, le cri de l'indignation publique qui força ce malheureux à se cacher, les plaintes que j'avais portées antécédemment contre sa criminelle entreprise, mon âge, mon absence étaient, ce me semble, des réclamations suffisantes. Une vaine formalité que mon ignorance et mon impuissance m'empêchaient également de remplir, devait-elle arrêter la justice de ceux qui se disent les interprètes des lois, les défenseurs de l'humanité, les vengeurs de l'innocence ? Je n'étais rien, ne pouvais rien, ne tenais à rien : ce fut mon crime et mon malheur. Hélas! qu'importe à la plus grande partie des hommes qu'il soit un malheureux de plus! Je puis me répondre aujourd'hui qu'ils aiment à voir souffrir leurs semblables ; leur légéreté n'approfondit rien ; leur malignité, leur égoïsme, leur fait un besoin des larmes du désespoir de notre sexe ; quelque invraisemblable que soit l'histoire scandaleuse qui court sur nous, leur propre perversité leur permet de la croire, et l'impunité dont ils sont sûrs leur donne l'audace et la cruauté de l'affirmer. Ils n'ont rien vu, ne savent rien ; *on le dit*, c'en est assez. Que gagnent-ils à tout cela ? D'enhardir le calomniateur, et d'en être eux-mêmes les victimes, si leur sort les appelle à fixer les regards publics par une place, une administration quelconque. Le libelle qu'on a fait contre moi se perd aujourd'hui dans l'immensité de ceux qu'on a faits contre tout le monde. Innocence, grandeur, divinité même, rien n'est plus à l'abri de la méchanceté, et tout ce que je lis sur les autres, doit assurément me consoler de tout ce qu'on a lu sur moi.

Mais j'étais loin de me rendre ce compte, dans le moment de mon infortune. Je ne revins à Rouen qu'en tremblant ; j'imaginais qu'on m'en alloit fermer toutes les portes ; je n'osais lever mes yeux sur personne, et je ne reparus sur le théâtre, qu'en frémissant ; mais j'y retrouvai le même public et les mêmes amis. Cette dame respectable, qui m'aimait tant, m'ouvrit les yeux sur la cause de mon malheur ; je vis que je le devais tout entier à l'inconduite de ma mère, et cette lumière me la fit prendre dans une si grande aversion, il m'en a tant coûté pour rester avec elle jusqu'à son dernier soupir, j'ai si bien surmonté l'impétuosité de mon caractère, que je puis, peut-être, tirer quelque vanité de mes efforts, du silence que j'ai gardé, et du bonheur dont elle a constamment joui.

Elle resta maîtresse absolue; seulement la société fut moins nombreuse et mieux choisie. Elle s'était engouée depuis quelque temps d'un de mes camarades, qu'elle voulait me faire épouser. Mon égal me parut au-dessous de moi : le protégé de ma mère m'étoit odieux ; et cet homme d'ailleurs semblait avoir servi de modèle au personnage de Thibaudois (1). Une fierté que je n'ai jamais pu réprimer, ne me laissait trouver de biens et de charmes qu'à tout ce qui me montrait le plus grand caractère de noblesse ; et mon prétendu n'était que le plus sot, le plus grossier et le plus plat des hommes. J'eus l'adresse de me défendre pendant près de deux ans. Notre troupe avait quitté Rouen pour aller à Lille ; ce malotru était toujours avec nous, et loin de se rendre à mes raisons, à mes prières, il redoubla ses sollicitations. Les ordres de ma mère, sa violence,

(1) Personnage de l'*Esprit de contradiction*.

poussée au point de me présenter un pistolet pour obtenir mon aveu, me firent enfin sentir que j'avais besoin d'un protecteur qui, sans armer les loix, pût contenir mes entours, et me défendre. Conduite par le seul désespoir, sans idée d'aucun vil intérêt, sans amour, sans désirs, je fus m'offrir et me livrer moi-même, sous la seule condition qu'on me sauverait du mariage, et de la mort dont j'étais également menacée. Ce moment qui ne présente au premier aspect que l'idée du libertinage, est peut-être le plus noble, le plus intéressant, le plus frappant de ma vie. Quoique j'eusse alors près de dix-sept ans, que les livres et les confidences m'eussent appris beaucoup de choses, le calme de mes sens me défendit des sollicitations de mes soupirans, et de la curiosité qu'ont ordinairement les jeunes filles; et si l'on veut se rappeler que j'étais née foible, qu'on m'avait accablée dans mon enfance; si l'on veut songer que le travail le plus forcé et le plus continu, absorbait nécessairement toutes les facultés de mon être, en me disputant le mérite de ma sagesse; on pourra du moins m'en accorder l'étonnante réalité. Quoi qu'il en soit, ce moment est un de ceux que je me rappelle avec le plus de plaisir, et dont j'entretiens le plus volontiers mes amis. Je voudrais pouvoir l'écrire ; je suis sûre que la femme la plus austère compatirait aux combats de mon ame, et ne rougirait point du tableau; l'impossibilité de le bien peindre, et la crainte de l'affaiblir, sont les seules raisons qui m'arrêtent.

Mon mariage fut rompu, ma mère cessa de me persécuter; je m'appliquai plus que jamais à tout ce qui pouvait accroître mes talens. Lanoue rompit sa troupe pour venir débuter à la comédie Française. Je m'engageai dans une autre qui devait aller à Gand, demandée par le quartier-général du roi d'Angleterre, qui était là. Je ne fus ni flattée des suffrages que j'obtins, ni tentée de la fortune immense que m'offrit milord Ma......, Le mépris que la nation anglaise affecte pour la mienne, m'en rendit tous les individus insupportables : il m'était impossible de les entendre sans colère. La troupe ne pouvait se soutenir sans moi : on s'apperçut de mes dégoûts, on me fit garder à vue; mais malgré toutes les consignes données aux portes, je trouvai les moyens de m'échapper, et de me rendre à Dunkerque. Le commandant de cette ville reçut bientôt un ordre du roi de me faire partir pour venir chanter à l'Opéra de Paris. J'avais une étendue de voix prodigieuse, et quoique je ne fusse qu'une très-médiocre musicienne, et qu'on me fît doubler mademoiselle Lemaure, j'eus le bonheur de réussir. Mais je vis qu'il fallait si peu de talent à ce spectacle, pour paraître en avoir beaucoup, je trouvai si peu de mérite à ne suivre que les modulations du musicien; le ton des coulisses me déplut si fort, la médiocrité des appointemens rendait la nécessité de s'avilir si absolue, qu'au bout de quatre mois je fis signifier mon congé.

Un nouvel ordre du roi, me dispensa de faire les six mois que l'usage d'alors prescrivait, sous condition que je passerais à la comédie Française, pour y doubler mademoiselle Dangeville. Au moment où l'on me fit venir à Paris, mon emploi principal en province, était celui des soubrettes. J'avais joué trois ou quatre seconds rôles tragiques dans la troupe de Lanoue, et Sarrazin qui me vit jouer Eriphile, me prédit alors que je serais un jour la ressource du théâtre. L'envie d'avoir de plus forts appointemens, et la vanité de tout entreprendre, me fit mettre dans mon dernier engagement que je jouerais les grands rôles tragiques. A mon arrivée à Paris, je n'en savais que cinq, et je ne les avais joué qu'une ou deux fois chacun. J'étais loin de prévoir la célébrité que le public daignerait un jour m'accorder en ce genre.

Lorsque je fus me présenter à l'assemblée, les semainiers me prévinrent que, quoique mon ordre ne marquât qu'un emploi, la loi de la comédie demandait la réunion de tous les talens, et qu'il fallait que je consentisse à me rendre au moins utile dans les deux genres, à chanter et danser dans les pièces d'agrémens. Les acteurs d'aujourd'hui semblent prouver, par leur conduite, que, quelque peu qu'ils fassent et qu'ils vaillent, on doit en être reconnaissant; que c'est pour eux que la comédie est faite. De mon temps, nous étions persuadés que c'était nous qui étions faits pour elle : nous nous disputions à qui montrerait plus de zèle, et ferait plus d'efforts; et, quoique les premiers sujets d'alors n'eussent pas le quart des émolumens qu'on prodigue aux derniers qu'on y voit aujourd'hui, autant qu'il m'est permis de m'y connaître encore, le public était mieux servi. Je consentis à tout ce qu'on me demandait; mais je crus que, puisqu'il fallait jouer la tragédie, je ferais bien de commencer par elle. Pourquoi cela? Je n'en sais rien. L'air froid et dédaigneux qu'inspira ma proposition, me piqua. J'insistai de manière à prouver que j'avais une tête qui demandait des ménagemens. On me proposa Constance dans *Inès*, Aricie dans *Phèdre*. Je répondis que c'était trop peu de chose; que je savais Phèdre, et que je la jouerais. C'était un des rôles triomphans de mademoiselle Dumesnil : je l'ignorais. Je n'avais pas revu la comédie Française depuis mon *Comte d'Essex*. Ma proposition fit rire tout le monde : on m'assura que le public ne souffrirait pas que j'achevasse seulement le premier acte. La colère me dévorait; mais la fierté me soutint. Je répondis aussi tranquillement, et sur-tout aussi *majestueusement* qu'il m'était possible : Messieurs, vous me voulez, ou vous ne me voulez pas; j'ai le droit de choisir. Je jouerai Phèdre, ou ne jouerai rien. — Tout le monde se contint : on accepta, et je débutai par Phèdre.

Je ne parlerai point des encouragemens flatteurs qui furent donnés à mes essais, ni des bontés constantes qui m'ont soutenue, dans mes travaux, pendant vingt - deux ans : on imputerait peut-être à ma vanité, ce que la reconnaissance me ferait dire.

Je me suis permis seulement de rendre compte de mes pénibles recherches : on les trouvera détaillées dans les réflexions que j'ai faites sur l'art dramatique. Il ne me reste plus qu'à justifier ma retraite. Je vais donc rendre compte des iniquités qui m'en ont fait un devoir.

Naturellement et malheureusement violente et fière, j'ai souvent manifesté mon impatience sur les cabales, les tracasseries, les injustices, dont l'envie et la jalousie m'accablaient sans relâche. Personne n'ignore que, dans tous les corps, dans toutes les associations quelconques, on ne laisse jamais en paix que la médiocrité : le mérite acquis ou personnel, n'y peut trouver grâce. Cette vérité m'a souvent consolée de tout ce qu'on tentait contre moi ; mais, souvent aussi, je me suis plaint avec toute la vivacité possible. Cependant, j'ose affirmer qu'aucune parole malhonnête, aucun reproche embarrassant, aucune réclamation de justice auprès de nos supérieurs, aucune rancune envers eux, n'a pu, n'a dû m'aliéner le cœur d'un seul de mes camarades : il n'en était pas un que je n'eusse obligé plus ou moins; il n'en était pas un qui, plus ou moins, ne m'eût manqué. Plus j'acquérais de célébrité, plus je faisais d'efforts pour bonifier les recettes, plus j'obtenais de grâces, et pour la comédie, et pour ses individus, et plus on cherchait à me donner des dégoûts. J'en vais citer deux exemples, qui prouveront pour tout le reste.

Nous étions pauvres, hors d'état d'attendre ce qui pouvait nous être dû. Les semainiers allaient, toutes les semaines, chez M. de Boulogne, alors contrôleur-général, solliciter le paiement de la pension du roi, et n'obtenaient rien. Au bout de quelque temps, on me nomma pour la nouvelle députation qu'on voulait faire, et je fus, à l'audience de M. de Boulogne, avec sept de mes camarades,

marades, parmi lesquels il y avait deux autres femmes. Le ministre m'apperçut, éloigna la foule qui l'entourait, et vint me demander ce qui m'amenait. Ma réponse fut : Le désespoir, monseigneur, où nous réduisent nos besoins et vos refus. — Je serais bien fâché, me dit-il, que vous eussiez à vous plaindre de moi : montez au bureau d'Amelin; dites-lui de tenir tout prêt pour me faire signer ; vous serez payés demain. — Mes camarades avaient tout entendu; je devais les croire aussi contens que moi, et je me mis en marche pour monter au bureau : mais, à moitié chemin, voyant que personne ne me suivait, je revins sur mes pas pour en savoir la cause. Préville, bouffi de colère, écumant de rage, les arrêtait dans l'anti-chambre, pour leur persuader que le ministre leur avait également manqué, et dans ses refus faits à la comédie, et dans la grâce particulière qu'il semblait accorder à la seule mademoiselle Clairon; que, pour rien dans le monde, il ne s'avilirait à

N

me suivre au bureau, ni même à recevoir cet argent. Je ne soufflai pas : je me mis en chemin pour remonter. Armand seul me suivit. Nous eûmes le lendemain notre argent, et Préville ne fut pas le dernier à recevoir sa part. Et d'une, passons à l'autre.

L'excommunication des spectacles est une flétrissure si barbare, et j'ose dire, si bête ; elle est si nuisible aux talens, elle constate si authentiquement l'inconséquence de la nation, qu'il me suffisait d'être humaine et française pour la trouver injuste, et j'étais de plus comédienne. Ce n'est point ici que je dois approfondir cette matière ; je ne veux même parler ni de mes dégoûts, ni des lumières que je m'étais procurées sur ce point : le fait me suffit pour ce moment.

M. de la Mothe, de l'ordre des avocats, que je n'avais jamais vu, vint me prier de lui rendre un service ; entr'autres choses, nous parlâmes de l'excommunication. Je vis aisément qu'il n'avait pas ce qu'il fallait pour nous en faire relever:

mais il parlait en homme assez instruit, et je voulus essayer par une légère tentative, d'appercevoir ce que je pouvai entreprendre un jour. Il m'offrit ses services, je les acceptai ; mais au lieu de s'instruire avec moi, de me consulter sur la forme, l'étendue et la teneur de l'ouvrage que je désirais, pressé, je crois, par le besoin d'argent, il fit imprimer son pauvre mémoire, et je le lus alors pour la première fois. Dès qu'il parut, mes camarades trouvèrent très-mauvais que je voulusse m'attribuer la gloire de les tirer de leur fange. J'eus beau leur dire que je ne demandais pas mieux que de me les associer ; j'eus beau leur représenter l'honneur et le profit qu'ils tireraient de cette démarche : hors madame Drouin, que l'esprit et l'honnêteté guidaient toujours bien, et qui m'offrait de me seconder, je ne vis dans toute la troupe que l'aveuglement de la sottise et de la jalousie.

Un M. Coquely de Chaussepierre avocat aussi, ami particulier de la maison Préville, allant dîner et souper chez tous les comédiens, et de plus, choisi pour être un des membres de leur conseil : (car tout excommuniés qu'ils sont, ils ont un conseil comme les potentats) ce Coqueley de Chaussepierre, homme assez bas pour être le censeur de Frélon, assez bas pour aller, à la suite de quelques comédiens, jouer dans les maisons où l'on les appelait, ces petites gravelures qu'on n'ose entendre qu'en secret; assez malhonnête-homme pour vouloir aggraver l'avilissement de ceux dont il était le conseil, assez barbare pour ôter l'état et les moyens de vivre à son confrère, fut dénoncer le livre et l'auteur : le premier fut brûlé au bas du grand escalier, le second fut rayé du tableau. J'eus toutes les preuves possibles de ces honteuses menées : j'en instruisis mes camarades; j'espérais qu'ils sentiraient au moins leur injure, et qu'avec les ménagemens dûs au reste du conseil, on prierait le sieur Coqueley de se retirer. Non-seulement ils le gardèrent : ils en firent leur plus cher ami. D'après ces deux traits, on peut aisément voir que je ne convenais pas à mes camarades, et juger que mes camarades ne me convenaient pas.

Cette aventure me rendit mon métier si pénible, j'étais si révoltée du ton de nos assemblées et des foyers, si indignée de voir MM. les gentilshommes de la chambre payer leurs plaisirs par les emplois et les parts de la comédie; je me trouvais si déplacée, le chagrin ajouta tant à ma faible santé, que sans aucun égard pour l'extrême médiocrité de ma fortune, je résolus de me retirer. Les représentations de mes amis et les bienfaits de M. le duc de Choiseul et de M. de la Borde me firent un devoir de rester (1) : je leur fis le sacrifice de tous mes dégoûts.

Mais enfin, les menées de Préville amenèrent ce moment si désiré par lui et par moi.

La malheureuse ou plutôt la ridicule

(1) Ces deux messieurs envoyèrent 40,000 liv. chez Trutat, notaire, avec ordre de me demander comment je voulais qu'on les plaçât.

affaire de Dubois, commencée par M. le duc de Du..., *[ras]* trop étourdi, trop inconséquent, pour en prévoir les suites, discutée et conduite après par la légéreté despotique de M. le maréchal de Richelieu amena cette fameuse catastrophe qu'on a nommé long-temps la *Journée du siége de Calais*, et qui rendit à Préville l'espoir de voir enfin réaliser ses projets. Avant ce moment, il avoit su gagner la confiance du lieutenant de police, qui ne cachait point l'envie qu'il avait de nous commander, de l'intendant des Menus qui désirait diriger nos finances, et d'un conseiller au parlement, blessé *magistralement* de l'autorité des gentilshommes de la chambre; ces quatre personnes se réunirent pour profiter des circonstances. Comme j'étais un objet de terreur pour tous les faiseurs de projets malhonnêtes, il fut décidé que, quoique je me fusse ouvertement et seule opposée à l'esclandre qu'on avait fait, quoique je me fusse présentée à la comédie pour me soumettre à l'ordre *soi-disant* du roi, quoiqu'on remît devant moi entre les mains de Préville, une lettre signée *Le Kain* et *Molé*, qui constatait leur refus et leur départ, quoique Brisard et Dauberval eussent refusé d'obéir, il fut décidé, dis-je, qu'on rejeterait tout sur mes menées et mes séductions; mademoiselle Dubois, d'une autre part, oubliant qu'elle me devait le peu de talent qu'elle avait, maîtresse de jouer tout ce qu'elle voulait, avertie par moi de tout ce qui se tramait contre son père, bête à l'excès, à la vérité, et pour le moins aussi coquine, seconda merveilleusement bien les intentions du petit conseil. Jeune, jolie, ayant l'avantage de rendre tous les gentilshommes de la chambre heureux, escortée d'un duc de Fro*ntac*, d'un duc de Ville*quier*, d'un marquis de Fitz*james*, vint, les cheveux épars, dans les foyers demander vengeance de mes atrocités et des malheurs de son respectable père. Ses cris et les coups de poing de ces messieurs, qui prenaient tout le monde au colet, le jugement d'un officier du régiment de

Fitz-James, qui dit à haute voix, dans le parquet, qu'il fallait *au moins* me pendre, persuadèrent une partie du public de mes torts; de là, et sous la même escorte, mademoiselle Dubois fut porter ses larmes aux pieds du maréchal de Richelieu. Mes talens, mes services, une conduite irréprochable, vingt ans d'amitié : qu'est-ce que tout cela, en comparaison d'une jolie fille? Elle demanda qu'on me mît en prison : elle l'obtint d'autant plus aisément que faire des malheureux est un plaisir de grand seigneur. Le silence du maître et des loix dont ils sont sûrs leur permet de tout entreprendre ; et plus leur victime est célèbre, plus leur pouvoir est reconnu. L'ordre fut donné de m'arrêter; on vint m'arracher de mon lit, où j'étais retenue par une inflammation d'entrailles. Madame de Sauvigni, intendante de Paris, était en ce moment chez moi; tout ce qu'elle put obtenir de l'exempt fut de me conduire elle-même au Fort-l'Evêque. On m'y laissa cinq jours ; ensuite on m'ordonna de garder les arrêts chez moi, avec défense d'y recevoir plus de six personnes qu'on m'avait permis de nommer. Ces arrêts durèrent vingt-un jours, et tout cela sans preuve, sans m'avoir entendue, sans qu'aucune menée, aucune démarche antécédente permît de me suspecter.

Je reçus dans la prison tous les hommages qui pouvoient me flatter ; mais j'y reçus des outrages qu'il était impossible que mon cœur pardonnât, puisque ce ne pouvait être que par un ordre ou la certitude de l'impunité qu'on pût avoir l'audace de venir m'insulter dans ce lieu-là.

Je ne soufflai pas : nulle prière ne m'avilit; nulle plainte, nul mouvement d'impatience ne m'échappa; mes amis même ne purent pénétrer ce qui se passait dans mon ame. J'attendis que tout fût rentré dans l'ordre à la comédie : alors j'annonçai que je la quittais. Mon temps était fini : la jalousie de mes camarades, la folle et barbare administration de mes supérieurs, la facilité que trouvent toujours les méchans à faire de ce public si respectable une bête brute ou féroce à volonté, la réprobation de l'église, le ridicule d'être français sans jouir des droits de citoyen, le silence des loix sur l'esclavage et l'oppression des comédiens, m'avaient trop fait sentir la pesanteur, le danger et l'avilissement de mes chaînes pour que je consentisse à les porter plus long-temps; je me devais de plus une vengeance : ma retraite me parut la seule honnête pour moi : elle satisfaisait à tout d'autant mieux, que n'ayant que quarante-deux ans, il m'était permis de compter sur quelques regrets.

Au moment où l'on me permit de quitter mes arrêts, je fus remercier M. le duc d'Aumont, qui seul s'était dignement conduit dans cette ridicule bagarre : il ignorait le pourquoi de tout; je le lui appris et le lui prouvai. Les mesures qu'il prit firent échouer toutes les espérances du conseil des quatre; et trouvant, je l'avoue, quelque plaisir à désoler ces petits tyrans en sous ordres, je consentis, à la prière de M. le duc d'Aumont, à ne signifier ma retraite aux comédiens qu'au bout d'un an.

RÉCAPITULATION.

DANS les vingt-huit années que je viens de passer en revue devant moi, je n'ai suivi que l'ordre de ma carrière dramatique; j'en ai supprimé beaucoup de faits intéressans, dans la crainte de paraître trop minutieuse et de nuire à la clarté de ma narration : ils auront place ailleurs.

J'ai laissé de côté tout ce qui ne regardait que mon cœur, dont je ne dois compte à personne, puisque je compose à moi seule toute ma famille; mais sans entrer dans le détail des erreurs, des malheurs et des plaisirs où mon éducation, la sensibilité de mon ame, mon libre arbitre et l'exemple ont pu m'entraîner, trop vraie pour me mentir à moi-même, je ne prétends dissimuler aucune de mes fautes, et je conviens que j'en ai fait beaucoup. L'envie, la calomnie et l'impunité en ont si fort exagéré le compte, qu'il me paraît impossible qu'un être réfléchissant le croie : mes occupations, mes études, ma faible santé, mon désintéressement, et (je dois me permettre de le dire pour ma défense) l'esprit et la fierté qu'on a dû me trouver dans toutes les grandes occasions de ma vie, sont des garans certains que je ne connus jamais la crapule et la débauche. Mon talent, mon personnel, la facilité de m'approcher, m'ont fait voir tant d'hommes à mes pieds, qu'il était impossible qu'une ame naturellement tendre, obligée de se pénétrer sans cesse de ce que les passions ont de plus séducteur, pût se trouver inaccessible à l'amour. Qu'on cesse quelques instans de surveiller les filles les mieux nées; qu'on entr'ouvre seulement la plus petite grille d'un cloître, je serai pleinement justifiée. L'amour est un besoin de la nature : je l'ai satisfait, mais de manière à n'en point rougir ; je défie qu'on me cite un marché honteux, un seul homme qui m'ait payée ; je défie qu'on me cite une épouse, un père que j'aie fait gémir ; il n'est pas une femme de ma connaissance qui puisse me reprocher d'avoir écouté son amant ; il n'est pas un être qui puisse m'accuser de l'avoir trompé : je n'ai permis aucun excès, aucune négligence dans les devoirs, aucun désordre dans les affaires. Pour parvenir à me plaire, il fallait se montrer aussi vertueux qu'aimable ; aucun enfant réprouvé par les mœurs et les lois ne me fait rougir de son existence. Il n'a tenu qu'à moi, plusieurs fois, de devenir légitimement une fort grande dame : j'ai pu résister quinze ans de suite aux instances, aux prières, aux larmes de l'homme le plus séduisant de la nature, et le plus cher à mon cœur, pour n'écouter et ne suivre que la voie de l'honneur et du devoir.

De quelque côté que je lève mes regards, je vois, je l'avoue, bien peu de femmes qui puissent aller le front plus levé que moi, mais je n'en prends pas le droit de m'excuser : mon ennemi le plus mortel, le casuiste le plus sévère ne me condamnerait pas avec moins de force que je me condamne moi-même. Je ne rougis point, je n'éprouve aucun remords ; cependant, je gémis sur mes fautes : le coup-d'œil que je jette sur moi me met mal à mon aise. Soit que mes organes affaiblis par l'âge et les infirmités me rendent pusillanime, et que le calme actuel de mes sens me trompe sur la possibilité de les dompter toujours ; soit que ma vanité m'égare, en me disant que j'avais assez de vertus pour prétendre les avoir toutes, je ne me pardonne point mes faiblesses, et ne me permets pas même d'en chercher l'excuse dans les décrets de la fatalité.

En traçant cet écrit, je n'ai d'autre intention que celle de me connaître, de me corriger et d'acquérir par la vue de mes propres défauts l'indulgence et la compassion que je dois à mes semblables. Si cet écrit me survit, puisse-t-il être une leçon utile, et préserver l'ame honnête et sensible des piéges et des charmes de l'erreur!

TROISIÈME ÉPOQUE.

LORSQUE M. le duc d'Aumont m'eut calmée par l'assurance d'avoir mon ordre de retraite à la première demande que je voudrais faire, il essaya par les offres les plus avantageuses de m'ôter le désir de la demander jamais. Il m'offrit de me faire payer par le roi ; de ne plus dépendre d'aucuns supérieurs ; de n'avoir plus rien à démêler avec les comédiens ; de ne jouer que quand bon me semblerait, sans autre soin que celui d'écrire à l'assemblée : Je désire telle pièce pour tel jour. — Je ne vis dans toutes ces offres que le danger de me faire de nouveaux ennemis ; et je les aurais mérités en m'affranchissant de toutes les conventions de mon état, d'une façon aussi orgueilleuse : alors, il m'offrit de m'aider à relever la comédie de la honte de l'excommunication : il savait que j'avais ce projet depuis long-temps ; que j'avais fait toutes les recherches possibles ; que je m'étais fait aider par des personnes pleines de lumières et de mérite ; que je pouvais compter sur des protecteurs puissans, et que mes mémoires étaient tout prêts.

Je ne dissimulerai point que je mêlais infiniment de vanité au désir juste et naturel d'avoir un état plus honnête ; mon talent ne peut s'écrire ni se peindre, l'idée s'en perd avec mes contemporains, et j'avois lieu de croire que je le constaterais supérieur même à ce qu'il fut jamais, si j'obtenais la gloire de surmonter les préjugés de ma nation : le tenter seulement disait beaucoup pour moi. J'acceptai. Nous convînmes qu'à mon retour de Genève, où j'allais consulter le fameux Tronchin, on ferait les démarches nécessaires auprès du roi, et que je rentrerais à la comédie, si ces démarches réussissaient.

Avant mon départ je revis tous mes
supérieurs,

supérieurs, et j'eus lieu d'être satisfaite de leur embarras et de leurs regrets ; mais c'est en vain qu'on espère ramener des oppresseurs ; la vue de leur victime les gêne, ils la haïssent à raison du mal qu'ils lui ont fait. J'appris pendant mon absence que les résultats des plaisirs de mademoiselle Dubois étaient visibles et pressans, au point de ne pouvoir lui permettre de jouer à Fontainebleau.

J'écrivis à M. le duc d'Aumont que si cette nouvelle était vraie, je m'offrais à tenir le répertoire de la cour, quel qu'il fût ; qu'il m'étoit doux de me venger de M. de Richelieu en le tirant de peine, et de prouver ma respectueuse reconnaissance au roi, pour tout ce qu'il avait daigné me faire dire de flatteur sur ma personne et mon talent.

M. le duc d'Aumont, enchanté d'une offre qui lui facilitait tous les arrangemens possibles, fut trouver M. le maréchal de Richelieu, et ne fut pas peu surpris de l'entendre dire : Non, cela ferait de la peine à la petite Dubois :

nous ferons comme nous pourrons. —
En me rendant compte de cette étonnante conduite, M. d'Aumont ajouta dans sa lettre, que j'ai encore : Ne songez pour le moment qu'à raffermir votre santé ; on est indigne de l'effort que vous voulez faire. — J'arrive; on dresse toutes les batteries : le mémoire est remis à M. le comte de Saint-Florentin qui promet de le lire au conseil; mes protecteurs me permettent de compter sur eux ; M. l'archevêque consent à se taire ; le roi sait que je dois lui demander une grâce et promet de l'accorder s'il est possible : il devait être instruit par M. le duc de Du*as*, qui s'étoit chargé de lui lire mon mémoire.

Ce malheureux duc voulant toujours le bien, et ne faisant jamais que le mal, ne doutant de rien et craignant tout, balbutie en tremblant quelques mots de mon affaire; le roi l'écoute avec bonté et demande ce que je veux. Le moment était favorable pour présenter le mémoire, mais la crainte de déplaire à M. de

Saint-Florentin anéantit tout-à-coup le zèle de mon duc : il se contenta de répondre que l'ennui d'être excommuniée m'empêchoit de rentrer au théâtre ; et quoique le roi prononçât : Cela est assez ridicule, en effet : nous verrons quels sont ses moyens ; je ferai tout ce que je pourrai. — La tête perdue ne se remit pas. C'est de la bouche de M. le duc de Du... même que je tiens tout ce que je viens de tracer. Quoi qu'on puisse se permettre de penser sur cette frivole existence, il faut au moins rendre hommage à sa bonne-foi.

Enfin le jour où l'on devait prononcer sur mes prétentions, arrive. Voyant que le conseil va finir, que tous les porte-feuilles sont fermés, le roi daigne dire : Apprenez-moi donc ce que veut mademoiselle Clairon ? — Forcer la main de votre majesté comme le parlement, répond M. le duc de Pras*lin*. — Je la sais trop sage pour cela, dit le roi ; sachons ce qu'elle désire. — Alors M. de Saint-Florentin lut sur un très-petit morceau de papier ,. que *je demandais à sa majesté la réimpression de la déclaration de Louis XIII, confirmée par elle.* Sa majesté ne connaissait pas plus cette déclaration que mon mémoire ; elle crut tout faire en ordonnant qu'on la réimprimât. Et moi, sentant le danger et l'inutilité de revenir à la charge, je demandai ma retraite.

Le pourquoi de cette manœuvre, le voici :

Ce ministre qui m'interprétait si mal, était depuis long-temps l'amant d'une de mes camarades retirée : elle ne pouvait pas me souffrir, parce que j'avais refusé d'épouser un de ses frères ; je ne sache au moins nulle autre cause. Elle décida qu'il était de la dernière insolence à moi, de vouloir être plus qu'elle n'avait été ; son amant convint qu'elle avoit raison : il obtint que le rapporteur demanderait le contraire de ce que je voulais ; et malgré toutes ses promesses, M. le duc de Choi.... m'avoua qu'il n'avait pas osé démentir son cousin. J'avoue qu'il m'eût été bien doux d'obtenir ce que j'avais tant désiré; mais me reposer, me soustraire pour toujours à la jalousie, l'envie, l'intrigue, la tyrannie, valait encore mieux; et je n'ai point cessé de bénir mon sort depuis que j'ai quitté.

La douceur du repos que je n'avais jamais goûté, une société charmante, une fortune suffisante à tous les vrais besoins, une raison exercée par l'étude et l'expérience me donnèrent la force de supporter mes maux habituels, et l'étude de l'Histoire Naturelle me tint lieu de mes anciens travaux : je ne regrettais ni ne désirais rien. Ce bonheur ne fut pas long.

Le comte de Valbelle eut un héritage considérable, et sa fortune changea son cœur; ses absences devinrent fréquentes et longues : il était l'ame de notre société, son éloignement la rendit languissante. Il avait exigé que je comptasse à jamais sur lui; j'avais tout fait pour qu'il restât du moins mon ami; il fut ingrat : je perdis tout. Dans ce même temps les opérations de M. l'abbé Terrai m'ôtèrent le tiers de mon bien; la crainte de m'endetter me força de renoncer à tout objet de dépense, et je ne fus pas long-temps à perdre le reste de ma société. Il faut à Paris intriguer ou tenir table, si l'on ne veut pas se trouver seul.

Le déchirement de mon cœur et mon affreuse solitude me donnèrent l'idée de me retirer dans un couvent, ou du moins dans une province : je me déterminai à vendre mon cabinet et beaucoup d'autres effets précieux; ce que j'en devais retirer placé en rentes viagères, accumulées par quelques années d'économie, pouvait me rendre plus riche que je ne l'avais jamais été, mais je ne pus suivre ce plan. Le comte de Valbelle, avec 120 mille liv. de rentes, endetté, ne suffisant point à ses entreprises fastueuses, et ne trouvant point à emprunter, était dans un moment de crise qui m'inquiéta pour sa réputation; plus j'avais à m'en plaindre, plus il me parut convenable de le tirer de peine; je vendis tout ce que je possédais, et lui prêtai le produit de cette vente à cinq pour cent d'intérêts pour dix ans.

J'étais gravement malade alors, mon huissier-priseur étoit un fripon : qui que ce soit ne me rendit le service de se mêler de mes affaires; je touchai 90 mille francs de ce qu'on avait estimé 50 mille écus. N'ayant plus un lit pour me coucher, et ne devant recevoir l'intérêt de mon argent qu'au bout d'un an, je me décidai à m'expatrier. Un hasard m'avait fait faire la connaissance du Margrave d'Anspach; ce que j'avais reconnu de candeur dans ce prince, sa noble et touchante simplicité, l'intérêt tendre et confiant qu'il m'avait témoigné dès les premiers instans, et dont ses lettres m'assuraient la durée, me firent consentir à m'expatrier. Paris ne m'offrait plus que des souvenirs douloureux; je n'y pouvais plus rien pour personne: l'amitié d'un souverain me laissait l'espoir de pouvoir encore être utile à mes semblables. Obligée de fermer mon cœur au seul être qui le remplissait autrefois, trop éclairée par ma raison et mon expérience pour m'abandonner encore à l'amour, mais dévorée du besoin d'aimer, j'étendis ma sensibilité sur la nature entière, et les moyens qui m'étaient offerts pour en servir au moins quelques individus, me firent trouver tout possible. Je partis.

L'Allemagne ne m'offrit qu'un climat trop rude pour mon âge et mes infirmités ; on y connaissait à peine les douceurs de la société ; les savans n'y parlaient que leur langue, et les finesses de la mienne n'étaient entendues de personne ; les arts étaient réduits au simple nécessaire, et la morgue de la naissance unie à la plus profonde ignorance sur tous les talens, n'aidait pas à me donner un prix aux yeux de ses habitans. Je ne dus qu'à l'envie de plaire au maître les hommages qu'on me rendit dans les premiers momens ; non-seulement on ne me connaissait pas telle que j'étais, mais j'avais encore à détromper tout le monde sur les vues, les projets qu'un monstre m'avait prêtés : il n'est si petite cour qui n'ait son Narcisse. J'eus à défendre mon honneur et ma vie même de tous les piéges que ce malheureux me tendit; mon corps succomba sous tant de peines accumulées, j'eus une maladie terrible, et depuis ce temps je ne compte plus mes jours que par mes maux et ma langueur.

Quelque pénible que soit ma vie, sa prolongation m'a fourni les moyens de détruire la calomnie, de faire le bien et d'acquérir des amis; ce bonheur me console de vivre.

Je ne rendrai point compte des services sans nombre que j'ai rendus dans ce pays; il suffit à mon cœur de s'assurer que ses habitans ne les oublieront pas.

Je ne me permettrai de faire ni l'éloge, ni la critique du Margrave; sans m'aveugler sur ses défauts, je l'ai cru, près de dix-sept ans, un des plus vertueux êtres de la nature, et mon respect pour sa dignité, ma reconnaissance pour la confiance dont il m'a si long-temps honorée, m'interdit de le juger aujourd'hui ; je me contente d'attester et lui-même et toutes les personnes honnêtes qui vivent sous ses loix, pour garans de la pureté de ma conduite et de mon désintéressement.

J'ai fait tout le bien qu'on m'a permis de faire ; j'ai défendu, maintenu en place mes plus grands ennemis : nulle intrigue, nulle plainte, nulle vengeance, nulle amitié particulière ne peut m'être reprochée ; je n'ai jamais blâmé ni maîtresses, ni favoris ; j'ai fait constamment, pendant dix-sept ans, le sacrifice de ma volonté, de mon repos, de mes intérêts, des agrémens de ma patrie, de ma santé. Le bonheur et la gloire du Margrave, étaient l'unique but de mes travaux et de mon ambition, et le seul prix que reçoit un attachement si pur est le boulversement de ma fortune et de toute mon existence, l'outrage et l'oubli......
Je me tais ; je plains, je pardonne, et fais encore les vœux les plus ardens pour qu'on soit heureux.

Je n'imagine pas que le reste de ma vie puisse fournir un événement intéressant : tout est dit, tout est sûrement fini pour moi. Epuisée par trente ans de travaux, par des chagrins de tout genre, par les années qui s'accumulent, par des douleurs continuelles et des maladies mortelles qui me surviennent presque chaque année, il me paraît impossible que rien m'arrache à la vie simple et tranquille que je me suis prescrite.

Je ne me suis réservé que cinq à six maisons dans lesquelles je ne vais que rarement; il ne me reste que quelques amis, quelques connaissances. Mais l'agrandissement de Paris oblige maintenant à calculer les distances, et toutes les têtes sont dans une si bizarre fermentation qu'il est tout simple qu'une vieille femme, inutile et souffrante, soit souvent seule; aussi sans me plaindre jamais de l'abandon que j'éprouve, je jouis avec reconnaissance des momens qu'on veut bien me sacrifier.

Je me suis fait une habitation commode, agréable, peut-être trop magnifique pour mon état et ma fortune; mais c'est un reste d'habitude de mes dignités théâtrales : j'ai rêvé trône et palais pendant trente ans, le luxe universel n'a pas dû me ramener à moi-même; et je crois que toute jouissance est raisonnable, quand elle ne nuit ni ne coûte rien à personne.

L'affaissement de mon corps n'influe point encore sur mon ame et sur ma tête; j'ai toute la sensibilité, toute l'activité de mon premier âge. Mon goût pour la lecture s'est heureusement accru; il me sert à me faire entourer journellement par les grands personnages de tous les temps et de tous les lieux; j'apprends avec eux à comparer, à réfléchir, à supporter le vide et les peines de la vie, à me prouver qu'il faut que tout passe et s'anéantisse, et que c'est sans impatience et sans regrets que je dois attendre mon tour.

Il m'eût été bien doux de pouvoir aller chercher aux spectacles des dissipations que toute ma résignation ne m'empêche pas de désirer quelquefois. Quoique je n'aie rien oublié de tous nos grands poëtes, que je les relise souvent, les voir représenter me donnerait un plaisir plus vif et soulagerait beaucoup mon imagination, qui ne peut s'empêcher de rechercher tout ce que les beautés de l'action doivent ajouter d'intérêt aux beautés des ouvrages. Mais, hélas! qu'ai-je vu à ces représentations? La bassesse des halles ou la démence des petites-maisons! Nul principe sur l'art; nulle idée de la dignité des personnages : chacun joue son rôle à sa guise, sans se rendre compte de ce qu'on doit mutuellement se prêter dans chaque scène, de ce qu'on doit d'effort ou de sacrifice à l'ensemble de la pièce; point d'unité dans le ton, point de noblesse dans le maintien. J'ai vu des héros se jeter à plat ventre et marcher sur les genoux; j'ai vu pousser l'oubli de la décence au point de paraître sous la simple enveloppe d'un taffetas couleur de chair, dessinant exactement le nu depuis les pieds jusqu'à la tête; j'ai vu sous le nom des personnages les plus imposans de l'antiquité, de chétives filles de journée ployées en deux, tapant du pied, se battant continuellement les flancs, s'appuyant sur les hommes et s'en laissant toucher avec la familiarité la plus révoltante ; j'étais assourdie de piailleries, de beuglemens, et pour m'achever le parterre crioit : *bravo !*

Il ne m'appartient pas de décider si le public et les acteurs d'aujourd'hui se trompent, ou si le public et les acteurs de mon temps se trompaient ; mais il doit m'être permis d'assurer qu'il n'y a pas vestige de ressemblance entre les uns et les autres. Peut-être a-t-on bien fait de laisser là toute espèce de tradition : on joue maintenant Mérope en insouciante, Hermione en petite maîtresse, Monime en dévergondée; puisqu'on les trouve bien ainsi, je dois croire que mes études m'avaient égarée; je défère avec respect au jugement que l'on porte aujourd'hui : mais soit un reste de vanité, soit.... tout ce qu'on voudra, il n'est rien qui puisse me déplaire ou m'ennuyer autant que l'incroyable changement du théâtre français.

FAITS PARTICULIERS.

Ordre de Début.

Ne voulant point interrompre ma narration, j'ai laissé de côté quelques anecdotes, que je crois pourtant assez singulières pour être racontées. En voici une.

Quoique ce fût par ordre du roi que je quittasse l'Opéra pour passer à la comédie Française, on me dit que je devais me présenter chez M. le duc de Gêvres, gouverneur de Paris, et gentilhomme de la chambre, en exercice, pour recevoir cet ordre par écrit.

Mademoiselle Dumesnil se chargea de me conduire. J'avais vingt ans, une figure que tout le monde trouvait assez piquante. J'étais parfaitement bien mise;

et par goût, autant que par raison, mon maintien était de la plus grande décence. Il m'était permis de croire que mon ensemble devait intéresser.

Le duc de Gêvres était un grand homme, assez ressemblant, dans les formes, à ceux qui ne le sont plus (1). Sa figure pâle, effacée, sa voix canarde, son nez barbouillé de tabac d'Espagne, et la navette qu'il tenait dans ses mains, en m'étonnant, ne m'empêchèrent pas de lui trouver l'air d'un grand seigneur, et le mouvement de crainte qu'il m'inspira dut lui parler en ma faveur. Mademoiselle Dumesnil fut obligée d'être mon interprète. Ma prétention expliquée, le duc, en s'avançant quelques pas, dit : Elle est jolie. On dit que vous avez des talens ; je vous ai lue ; vous réussirez sans doute. — Frappée comme d'un coup de foudre, je relevai mes regards, avec toute l'indignation dont j'étais pénétrée, et j'osai dire au duc, en le toisant de-

(1) Sa femme l'avait attaqué au parlement, pour cause d'impuissance.

puis

puis les pieds jusqu'à la tête : Je vous ai lu aussi ; mais je crois, monseigneur, que nous avons besoin de nous connaître plus particulièrement pour pouvoir nous apprécier.

Quoiqu'il y eût plus de cinquante personnes dans la chambre, on aurait entendu voler une mouche : tout le monde baissa les yeux, et M. le duc de Gêvres, après un instant de réflexion, vint me prendre la main, et me dit, du ton le plus honnête et le plus affectueux : Mademoiselle, dans tout ce qui dépendra de moi, vous pouvez être sûre de mon empressement à vous servir. — Je me tus ; je fis une révérence respectueuse, et je me retirai. Depuis ce jour, il ne me permettait pas de passer une semaine, sans lui faire ma cour, et je n'ai jamais eu de protecteur moins exigeant et plus serviable.

ANECDOTE
SUR RODOGUNE.

LA majeure partie du public ne réfléchit point : elle se laisse entraîner par l'habitude, par les chefs de meute, censés savans, parce qu'ils sont aussi bruyans qu'audacieux. On est toujours sûre de plaire à la multitude, par de grands éclats de voix, beaucoup de gestes, des transitions folles, et le familier le plus bas. J'avoue que l'approbation de cette classe de juges m'importait peu. J'écoutais toutes les critiques ; je les discutais avec moi-même, sans aucune complaisance pour ma vanité. Je priais toutes les personnes instruites que je pouvais rencontrer, de m'éclairer sur mes défauts, de n'épargner aucune de mes fautes. Lorsque je jouais, je cherchais à découvrir, dans la salle, le connaisseur qui pouvait y être, et je jouais pour lui. Si je n'en appercevais pas, je jouais pour moi. Je ne calculais point le plus ou le moins d'applaudissemens; mais seulement ce que je sentais avoir plus ou moins mérité. Tout en admirant les talens de mes compagnes, je voulais en acquérir de plus complétement méritans. Quelqu'applaudies que fussent leurs fautes, j'aurais eu honte de les faire. Par exemple :

Mademoiselle Gaussin avait la plus belle tête, le son de voix le plus touchant possible; son ensemble était noble, tous ses mouvemens avaient une grâce enfantine, à laquelle il était impossible de résister; mais elle était mademoiselle Gaussin dans tout. Zaïre et Rodogune étaient jetées dans le même moule : âge, état, situation, temps, lieux, tout avait la même teinte.

Zaïre n'est qu'une touchante pensionnaire de couvent ; et Rodogune, demandant à ses amans la tête de leur mère, est assurément une femme trèsaltière, très-décidée ; cela ne se ressemble pas. Il est vrai que Corneille a placé dans ce rôle quatre vers d'un genre plus pastoral que tragique.

> Il est des nœuds secrets, il est des sympathies,
> Dont, par le doux rapport, les ames assorties,
> S'attachent l'une à l'autre, et se laissent piquer
> Par ce je ne sais quoi qu'on ne peut expliquer.

Rodogune aime ; et l'actrice, sans se ressouvenir que l'expression du sentiment se modifie d'après le caractère, et non d'après les mots, disait ces vers avec une grâce, une naïveté voluptueuse, plus faite, selon moi, pour Lucinde dans l'*Oracle*, que pour Rodogune. Le public, routiné à cette manière, attendait ce couplet avec impatience, et l'applaudissait avec transport.

Quelque danger que je craignisse, en m'éloignant de cette route, j'eus le courage de ne pas me mentir à moi-même. Je dis ces vers avec le dépit d'une femme fière, qui se voit contrainte d'avouer qu'elle est sensible. Je n'eus pas un dégoût ; mais je n'eus pas un coup de main : c'était assez pour ma tentative. Qui rompt en visière au public assemblé, et contrarie les idées reçues, quelque raison qu'il ait, doit s'estimer heureux de n'être pas puni. L'histoire de Galilée m'était présente. J'eus le plus grand succès dans le reste du rôle ; et, suivant ma coutume, je vins, entre les deux pièces, écouter aux portes du foyer les critiques qu'on pouvait faire. J'entendis M. Duclos, de l'Académie Française, dire, avec son ton de voix élevé et positif, que la tragédie avait été bien jouée ; que j'avais eu de fort bonnes choses ; mais que je ne devais pas penser à jouer les *rôles tendres*, après mademoiselle Gaussin.

Etonnée d'un jugement si peu réfléchi, craignant l'impression qu'il pouvait faire sur tous ceux qui l'écoutaient, et maîtrisée par un mouvement de colère, je fus à lui, et lui dis : Rodogune un rôle tendre, monsieur ? Une Parthe, une furie qui demande à ses amans la tête de leur mère et de leur reine, un rôle tendre ? Voilà, certes, un beau jugement !.... Effrayée moi-même de ma démarche, les larmes me gagnèrent, et je m'enfuis au milieu des applaudissemens.

Toutes les études que j'ai faites depuis, m'ont fait tenir à mes premières idées. Voltaire les a justifiées dans son Commentaire sur Corneille ; et le public, aussi content de ma fierté qu'il l'était de la volupté de Mademoiselle Gaussin, m'a permis de croire que je n'avais pas perdu ma peine, et qu'en s'armant de patience, de respect et de raison, on pouvait quelquefois lui tenir tête, et n'être pas toujours de son avis.

VOYAGE
DE BORDEAUX.

Plus j'avançais dans mes études, plus j'avais peur. Je sentais qu'en isolant quelques vérités, je faisais disparate avec la diction ordinaire. La crainte d'éprouver des dégoûts ne me laissait pas le courage de mettre, à mes rôles, l'ensemble que je leur désirais. Je craignais même de n'avoir point encore assez réfléchi pour me conduire, à volonté, dans la route que je me prescrivais. Je sentais la distance immense de la théorie à la pratique. Près de dix ans s'étaient écoulés à faire des recherches également profondes et minutieuses. Epuisée par mon travail, impatiente de le voir inutile, je crus devoir aller, dans quelqu'une de nos provinces, essayer, sur un public sans prévention et sans habitude, l'effet que mon nouveau genre pouvait produire. On m'accorda la permission d'aller à Bordeaux.

La nécessité de m'accréditer me fit employer, dans le rôle de Phèdre, par lequel je débutai, les éclats, l'emportement, la déraison qu'on applaudissait à Paris, et que tant d'ignorans appellent la belle nature. J'étourdis bien mon auditoire; je fus trouvée superbe. Le lendemain, je pris le rôle d'Agrippine, et le jouai pour moi, depuis le premier vers jusqu'au dernier.

Ce genre simple, posé, d'accord, étonna dans le premier moment; un débit accéléré sur la fin de chaque couplet et des éclats gradués, étaient ordinairement la réplique du parterre : il savait que c'était là qu'il devait applaudir, et ne lui donnant pas cette réplique, je ne fus point applaudie. Maîtresse de moi-même, j'observais attentivement ses mouvemens, ses murmures; j'entendis distinctement, au milieu de ma première scène : *Mais cela est beau ! cela est beau !*

Le couplet suivant fut généralement applaudi, et je pus me flatter dans le reste du rôle du succès le plus complet.

Je donnai trente-deux représentations de rôles différens, toujours à ma nouvelle manière : Ariane fut de ce nombre; et les auteurs de l'*Encyclopédie*, à l'article *Déclamation*, ont bien voulu transmettre à la postérité, le flatteur et touchant hommage qu'obtint la vérité que je cherchais. Cependant toujours craintive, doutant également et du public et de moi-même, je voulus rejouer Phèdre comme je l'avais jouée le premier jour, et je vis avec transport qu'on me trouvait très-mauvaise; j'osai dire que c'était un essai que j'avais cru devoir faire et que je jouerais différemment ce même rôle, si l'on en permettait une troisième représentation; je l'obtins. Je suivis mes études aussi complétement qu'il me fut possible, et l'on convint que cela ne se ressemblait pas.

Encouragée par les succès que je venais d'obtenir, je revins à Paris avec la ferme résolution ou de quitter le théâtre ou d'y voir approuver mes efforts; et je ne me suis retirée que treize ans après.

J'invite toutes les personnes qui sont au théâtre, à réfléchir mûrement sur ma conduite: elles verront qu'il ne faut pas toujours s'estimer en raison des applaudissemens qu'on reçoit; ils ne sont souvent que des marques de bonté, d'encouragement; ils sont quelquefois une affaire d'habitude, de comparaison avec des acteurs plus médiocres ou moins favorisés par la nature; il faut même oser avouer qu'ils sont aussi quelquefois prodigués par l'ignorance, entraînés par des partisans à gages, et qu'il est rare de trouver le public sans sa victime et son enfant gâté. Chaque jour un spectateur se retire; chaque jour il en vient un nouveau: on n'a presque plus rien du même auditoire au bout de dix ans. Les traditions se perdent; et faute de bons comédiens et de bons juges, le théâtre retombe dans la médiocrité de son enfance.

Instruisez-vous, cherchez constamment la vérité; à force de soin, d'étude, rendez-vous digne de former un nouveau public, et mettez-le dans la nécessité de convenir que vous professez le plus difficile de tous les arts, et non pas le plus avili des métiers.

BAPTÊME.

L'usage de la petite ville dans laquelle je suis née, était de se rassembler, en temps de Carnaval, chez les plus riches bourgeois pour y passer tout le jour en danses et festins; loin de désapprouver ce plaisir, le curé le doublait en le partageant, et se travestissait comme les autres. Un de ces jours de fête, ma mère, grosse seulement de sept mois, me mit au monde entre deux et trois heures après midi; j'étais si chétive, si faible, qu'on crut que très-peu de momens achèveraient ma carrière. Ma grand-mère, femme d'une piété vraiment respectable, voulut qu'on me portât sur-le-champ même à l'église, recevoir au moins mon passe-port pour le ciel; mon grand-père et la sage-femme me conduisirent à la paroisse : elle était fermée; le bedeau même n'y était pas, et ce fut inutilement qu'on fut aussi au presbytère. Une voisine dit que tout le monde était à l'assemblée chez Mr.***, on m'y porta. Le curé, habillé en arlequin, et son vicaire en gille, trouvèrent mon danger si pressant, qu'ils jugèrent n'avoir pas un moment à perdre. On prit promptement sur le buffet tout ce qui pouvait être nécessaire : on fit taire un moment le violon, on dit les paroles requises, et l'on me ramena à la maison.

LETTRE.

CETTE lettre est la seule qu'on ait pu retrouver de plus de quinze cents écrites au comte de Val....., pendant l'espace de vingt ans : elle peut donner l'idée, et peut-être l'excuse des sentimens que je me permettais.

D'Anspach, ce 20 février 1774.

NÉE pour les passions consolantes et douces, je n'ai jamais conçu comment on pouvait haïr, et s'il vous restait le plus léger souvenir de mon caractère et des sentimens que vous m'inspiriez, vous seriez sûr que je ne commencerais pas par vous. Vous m'avez fait une nécessité de cesser de vous aimer ; et, contre mon espérance, j'en suis venue à bout. Vous avez tout fait aussi pour ne laisser au cœur le plus tendre qui fut jamais, que le pénible choix de l'indignation ou de l'indifférence ; mais je n'ai pu ni voulu renoncer à vous chérir. Malgré vous, je vous ai conservé l'amitié la plus vive et la plus désintéressée : c'est elle en ce moment qui m'ordonne de vous faire réponse. Puisque vous êtes dans l'affliction, vous devez me retrouver.

Etre mal avec votre mère est donc une peine pour vous ? Je suis persuadée que ce qu'on vous dit d'elle, est faux. Non, sûrement son animosité ne va point jusqu'à vous maudire. Altière, violente, elle a pu s'emporter trop loin : l'orgueil de femme et de mère, peut aussi l'empêcher de retourner sur ses pas ; mais les plus vifs ne sont pas les plus méchans. Je sais positivement qu'elle est plus ulcérée par la douleur que par la haine. Madame de Sauvigni, qu'elle voit souvent, m'en parle dans toutes ses lettres. On vous trompe ; mais jugez-en vous-même ; comparez l'austérité de ses mœurs, et l'excès de vos galanteries, l'ordre qu'elle met à sa fortune et le désordre de la vôtre ; rappelez-vous vos dédains pour votre frère qu'elle aimait, vos légéretés sur M. Dam..., dont la personne et la fortune étaient les objets de ses attentions; votre improbation de tout ce qu'elle faisait, et la manière sèche et tranchante que vous employez à toutes vos discussions; ajoutez à cela le dépit de voir que toute la fortune de sa maison va passer en des mains qu'elle déteste, l'horreur de voir périr avec vous un nom dont elle est idolâtre, et cette privation qu'on dit si terrible à tous les vieillards, de se voir renaître dans leurs petits-enfans : tout cela n'a-t-il pas dû prévenir votre mère défavorablement contre vous? Elle n'a point dans son caractère la patience, la douceur qui peuvent faire fléchir le vôtre : elle a même des torts, j'en conviens ; mais c'est votre mère. Qui de vous deux doit fléchir? Ce qu'elle exige de vous n'est-il pas le juste tribut que vous devez à la nature, à la société? Votre nom et votre fortune vous font un crime de votre célibat. Vous croyez qu'elle hait la femme qui vous intéresse, par la seule raison que cette femme vous intéresse ; mais rappelez-vous donc les sentimens qu'elle a toujours témoignés pour moi, les démarches qu'elle a faites pour savoir s'il existait quelque fruit de notre union, les nœuds dont elle eût consenti de nous unir. Qui suis-je ? Je ne la connaissais seulement pas, et tout prouvait alors que vous m'aimiez ardemment......Non, Val....., non, ce n'est....... ni vous, ni l'objet d'un attachement naturel qu'elle poursuit : c'est une femme mariée qui se montre publiquement votre maîtresse, qui, son mari vivant, exige de vous une promesse de mariage, dont l'âge actuel ne laisse aucun espoir d'avoir des héritiers, qui vous arrête dans des lieux où, depuis le mariage de mademoiselle de Mari..., vous ne pouvez plus rien trouver qui vous convienne, où vous avez le faste le plus ruineux, où tout le monde vous hait au fond de l'ame. A trois femmes près, vous m'avez dit les avoir eues toutes. Espérez-vous qu'elle vous pardonnent tant de légéreté? Espérez-vous que des maris outragés, des amans négligés pour vous,

puissent

puissent jamais être vos amis? Est-ce en Provence, où le plaisir seul vous occupe, que vous trouverez l'avancement auquel il ne vous est pas permis de renoncer? Tant d'oubli de vous-même est plus que suffisant pour désoler votre mère.

Ouvrez les yeux sur vos vrais intérêts; renoncez à des chimères d'ostentation, qui dégradent votre grandeur réelle; ayez dans vos affaires l'ordre, dont votre âge, votre esprit, votre honneur, vous font un devoir; quittez des lieux où vous ne pouvez faire que des fautes funestes au repos de vos vieux jours, et à la gloire de tous vos momens; prenez une compagne qui vous honore : votre nom, votre fortune, tous les dons séduisans de la nature, vous mettent à portée de choisir. Si vous pouvez goûter le bonheur d'être père, je suis sûre que vous ne regretterez point la vie dissipée que vous menez aujourd'hui; et quoi qu'il arrive, vous sauverez du moins votre vieillesse de l'horreur de ne la voir entourée que de flatteurs, d'intrigans et de valets.

Votre seconde peine est l'espèce d'oubli de vos amis. Soyez juste, que faites-vous pour eux ? Il faut pour nourrir l'amitié, le charme de la confiance, des services, des soins, de la société. Toujours absent, sans qu'aucun devoir vous l'impose; ayant annoncé, depuis six ans, que vous ne serviriez p us si la guerre ne se faisait pas dans l'espace de dix années; ne parlant que de vos dégoûts pour Paris, et du désir de vous fixer en Provence ; riche, sans vous réserver les moyens de rendre un service; trop éloigné pour qu'on puisse attendre de vous les conseils, les soins, les consolations dont chaque jour amène le besoin, par quoi voulez-vous que l'attachement de vos amis se nourrisse ? Tout l'univers ressemble à cette femme, qui disait à son amant : « Monsieur, s'il était en
» mon pouvoir d'aimer un absent, j'ai-
» merais Dieu ». C'est pour ajouter à son bonheur, pour doubler son existence qu'on prend un attachement quelconque ; rendez-vous à ceux qui vous chérissaient,

vous retrouverez tous les cœurs dont vous avez besoin.

Cette lettre, déjà trop longue, me fait craindre de discuter votre troisième peine ; c'est vous occuper bien long-temps, je n'en ai plus le droit ; mais je suis dans un état assez misérable pour me défendre de compter sur le moindre avenir. Cette lettre sera peut-être la dernière que je pourrai vous écrire, et je désire que vous lisiez encore une fois dans mon cœur.

Avez-vous consulté le vôtre en m'écrivant : « Je vous regrette... vous de-
» vez influer à jamais sur ma destinée...
» Nous vivrons.... Nous pouvons nous réunir » ? Ah! Val....., vous me trompez encore, ou plutôt vous vous trompez vous-même. *Vous ne retrouvez mon cœur nulle part!* Je le crois; il en est peu d'aussi vrai, d'aussi tendre; et votre inconduite m'assure que madame de R*** ne me ressemble pas. Je vois toute l'illusion que vous tâchez de vous faire ; je vous ai pardonné vingt ans

toutes vos infidélités ; vous espérez la même indulgence pour vos nouvelles amours; vous espérez me faire approuver les nœuds honteux que vous avez promis : détrompez-vous. Assez généreuse pour vous rendre à vous-même, lorsque je vous ai vu de nouveaux devoirs à remplir, je vous ai dégagé des sermens, des écrits qui nous unissaient ; mais en renonçant à mon amant, à mon époux, j'ai prétendu que mon ami me consolât par un mariage qui ne fît rougir ni lui ni moi ; j'ai prétendu vous trouver éternellement digne de mon estime et de mes regrets ; et si vous me croyez capable d'envisager sans horreur la femme malhonnête et criminelle, déshonorant et maudissant les jours que son époux respire, vous m'avez cruellement oubliée. Non, jamais vous n'aurez mon aveu ; c'est à votre honneur, à vos devoirs que j'ai fait le sacrifice de mon amour et de mes droits : l'ame capable de cet effort ne peut jamais consentir à votre honte.

Si vous aviez une véritable passion,

je serais la première à vous plaindre, à vous excuser. Hélas! vous ne m'avez que trop appris quel est leur empire! Mais les jolies filles qu'on vous mène journellement dans votre parc ne me permettent pas de croire que ce soit l'amour qui vous tourne la tête, et votre aveuglement n'a point de nom. Cependant quoi qu'il vous plaise de faire, nous sommes séparés sans retour. Mon âge, mes infirmités habituelles, le sentiment profond des maux que vous m'avez causés, *la méchanceté des hommes*, et l'âpreté du climat que j'habite viennent de me réduire aux derniers excès de douleur et de faiblesse; je ne crois pas possible de me rétablir jamais; et si, contre mon attente, mes jours se prolongeaient, c'est au Margrave qu'ils seront consacrés; chaque jour sa confiance me donne de nouveaux motifs de reconnaissance; et puisque mon bonheur a voulu que le sien dépendît de moi, il recevra l'hommage de tous les momens qui me resteront. A ma santé près, jamais ma vie ne fut si douce.

J'ai des amis, on me permet de faire tout le bien possible; je ne retrouverais nulle part ce que je perdrais ici. Nous ne nous reverrons sûrement jamais; mais en quelque lieu que je vive, quoi qu'il m'arrive, vous pouvez compter *au moins* sur l'amitié la plus tendre et la plus solide. Je vous pardonne mes malheurs, et vous prie de chérir ma mémoire.... Les larmes ne me laissent plus voir ce que j'écris. Adieu, Val.....

LA ROBE,

ou

LA VISITE

DE M. LE MARÉCHAL DE R...

Quoi, c'est vous, M. le maréchal! Eh! bon dieu, quelle belle dame, ou quelle pressante affaire vous fait donc sortir si matin ? — Je suis monté en carrosse à neuf heures ; je viens du fond du Marais ; et quoique j'aie encore beaucoup à courir, j'ai voulu vous voir. J'ai besoin de vous. Je donne ce soir un spectacle à la duchesse de Grammont, elle amènera sa société, son frère viendra ; je sais qu'il vous aime, que vous êtes fort bien dans cette cour : je viens vous prier d'orner ma fête. — Vous me dites des choses de l'autre monde ! Il n'y a pas quatre jours que vous étiez comme des chiens enragés, et vous en êtes aux fêtes aujourd'hui? Quelle est donc la cause de cette étonnante révolution ? — Oh! je n'ai pas le temps de vous conter tout cela ; j'ai trop d'affaires. On doit se rassembler à cinq heures et demie pour commencer le spectacle à six heures; je voudrais bien que vous puissiez venir avant. J'ai promis d'arrêter la feuille des gratifications ; comme vous connaissez mieux que moi ceux qui en méritent, vous me ferez cette distribution, et ce soir vous emporterez la feuille que Laferté fera copier pendant le spectacle. — Je suis désolée, M. le maréchal, de ne pouvoir rien faire de ce que vous désirez ; il est hors de mon pouvoir de sortir aujourd'hui. — Pour quoi donc ? — Je suis malade. — Cela n'est pas vrai: vous avez le meilleur visage possible. Votre toilette n'est pas faite, et je parie que personne ne vous croirait trente ans. — Vous êtes bien galant ce matin; il est pourtant très-vrai que je souffre beaucoup, et j'ai d'ailleurs des études pressées. — Mauvaises raisons. Je sais qu'on ne prépare rien de nouveau ; je suis sûr que quelque rendez-vous vous arrête, et que c'est à votre maudit amour que vous voulez donner votre journée. — Val..... n'est point à Paris. — Eh bien! c'est donc quelqu'autre. — Vous m'impatientez. — Vous m'impatientez bien davantage. — Mais pourquoi vouloir que j'aille à votre spectacle ? En quoi cela peut-il vous être utile ? — Premièrement cela vous amusera. On donne deux opéras comiques charmans, chantés par la petite Nécelle: cela déridera votre auguste front, et vous causerez avec M. de Chois... que vous ne haïssez pas. — Bah! sa sœur y sera. — Vous savez tout. — J'ai du moins retenu ce que vous m'avez dit cent et cent fois. — Il est près de midi; au nom de dieu, venez ou je me brouille avec vous. — Puisqu'il faut vous dire la vérité, je n'ai point de robe. — Vous badinez? — Hélas non! — Vous avez la plus belle garde-robe possible. — Je ne l'ai plus : le peu de recette que nous faisons m'a forcée de vendre la plus grande partie de mes robes et de mes bijoux, et tout le reste est en gage, je n'ai pas un vêtement avec lequel j'osasse me montrer, sur-tout dans une fête. — D'honneur? — D'honneur. — Vive l'amour! c'est une belle chose. Quoi, pas même une robe noire? — Une robe noire? si fait. — Ah! je respire. — Il ne ressemble à rien d'aller en deuil dans une fête. — Ce n'est point une fête; c'est simplement un spectacle, et vous pouvez tuer un de vos parens sans que personne s'en doute. — J'en conviens; mais je n'ai point de compagne. — Prenez mademoiselle d'Epin.... — Le pourra-t-elle? — Oui. — Ah! voilà donc pourquoi vous me pressez si fort. — Elle est charmante, n'est-ce pas? — Demandez-le au duc de Du..., il le sait mieux que moi. — Il est furieux contre moi; mais cela s'arrangera. — Mais il me croira votre complice, et je ne veux point être mêlée dans toutes vos saloperies. — Ah! vous voilà reprenant votre diadême. Au nom de dieu finissons. Mademoiselle d'Epin... est avertie : elle viendra vous prendre à quatre heures. Humanisezvous donc un peu. — Vous me faites pitié. J'irai. — Parole ! — Je vous le promets. — En vérité vous êtes charmante. A tantôt.

S<small>UITE DE LA JOURNÉE</small>.

L<small>A</small> toilette de ma compagne l'avoit long-temps occupée : nous arrivâmes tard. Le maréchal était trop entouré pour entrer dans l'appartement; nous fûmes nous placer tout de suite ; il nous envoya un valet-de-chambre pour nous prier d'aller l'attendre dans son cabinet après le spectacle, et me fit dire que j'y trouverais tous les papiers nécessaires au travail dont nous étions convenus.

Quelques momens après nous vîmes arriver M^{de}. la duchesse de Gr...... conduite par M. le maréchal de R......; M. le duc de Ch..... donnait la main à M^{de}. la duchesse de Lau...., et M. le duc de Gon.... à madame la comtesse d'Egm...., j'ai oublié le reste.

En passant, M^{de}. la duchesse de Gr..., dont je n'avais jamais entendu le son de voix, dit : *Ah! voilà mademoiselle Clairon!* Son visage, en ce moment, n'exprimant ni plaisir ni bonté, je crus qu'elle était d'une colère horrible de me trouver là : toutes les autres dames me saluèrent avec l'air le plus affable ; mais rien ne put me remettre du trouble que la duchesse m'avait causé. Il me prit un mal de tête affreux, le spectacle m'ennuya, j'en désirais la fin pour pouvoir me retirer ; je la craignais de peur de quelque nouvelle apostrophe lorsqu'on repasserait devant moi ; mais j'eus à la place une simple inclination de tête que, dans mon mouvement d'effroi je trouvai délicieuse. Le duc de Ch..... m'avait assez souvent regardée ; mais il ne me parla pas : je l'avais prévu.

Lorsque tout le monde fut sorti, nous nous rendîmes dans le cabinet du maréchal par un escalier dérobé ; toutes les portes de l'appartement étaient ouvertes, et le bruit et les lumières nous apprirent qu'il y avait du monde dans le sallon contre lequel nous étions ; je trouvai sur le bureau tous les papiers dont j'avais besoin, et je me mis à travailler. Mais la plume m'échappa bientôt des mains ; la terrrible voix se fit entendre : je crus que le tonnerre tombait sur ma tête. Mais à force de prêter l'oreille à ce qui se disait, j'entendis des choses très-spirituelles, très-obligeantes, avec les mêmes sons qui m'avaient effrayée ; je me rassurai et bénis dieu de n'avoir point cette voix là.

M'impatientant de ce que la séance ne finissait pas, je venais de temps en temps regarder à la porte si l'on ne s'en allait point. Madame de Gr.... vit quelque chose, et dit au maréchal : Il y a du monde dans votre cabinet. C'est mademoiselle Clairon, dit-il, je l'ai priée d'arrêter l'état des gratifications. — Je serai bien aise de la voir; faites-là venir. Le maréchal dit un mot tout bas à ma compagne, me prit par la main et m'amena dans le sallon, où je trouvai de plus Mde. la duchesse de Lau.... et M. le duc de G....; Ces deux derniers se levèrent pour me saluer.

MADAME DE GR...

Je suis bien aise de vous voir. Pourquoi n'étiez-vous pas avec nous ?

MADEMOISELLE CL...

Je ne me flattais pas, madame, du bonheur d'être désirée ; votre ordre seul pouvoit me donner l'idée de me présenter.

MADAME DE GR....

JE désire depuis long-temps de vous connaître ; je ne manque jamais d'aller à la comédie les jours où je sais que vous jouez, sur-tout quand c'est du Corneille : vous y êtes encore plus sublime. J'ai vu Cinna, trois fois de suite. C'est une chose étonnante que votre diction dans ce rôle, sur-tout..... *Tout beau!* Madame la duchesse, l'avez-vous entendue ?

MADAME DE LAUR.... (*d'une voix très-douce.*)

Non, je n'ai point eu ce bonheur-là.

MADAME DE GR....

Allez la voir ; vous en serez dans l'enchantement : de ce *tout beau*, sur-tout ; il est étonnant.

M. LE DUC DE GONT....

Je l'ai entendu, et, comme vous, madame la duchesse, j'en ai été vivement frappé.

MADAME DE GR....

C'est un vieux mot qu'on n'oserait pas employer aujourd'hui, qui, certainement ne fut jamais digne de la tragédie, et qu'elle rend si noble, si imposant, qu'on ne croit pas possible de lui en substituer un autre.

M. LE MARÉCHAL.

Mademoiselle Clairon est certainement la plus grande actrice qui ait encore paru : j'ai vu les Duclos, les Demares, la fameuse Lecouvreur : elle est au-dessus de toutes.

MADAME DE GR....

Moi, je le crois.— Pourquoi êtes-vous en noir ?

MADEMOISELLE CL.....

Je suis en deuil d'une de mes cousines.

(*Le maréchal fait un éclat de rire.*)

MADAME DE GR.....

De quoi riez-vous ?

M. LE MARÉCH...

De la pauvre créature qu'elle tue.

MADAME DE GR....

Comment donc ?

M. LE MARÉCH...

Elle n'a que cette seule robe-là !

MADAME DE GR....

Bah! Elle a la plus belle garde-robe du monde, à ce qu'on m'a dit.

MADEMOISELLE CL...

Pour suffire à tout ce que le théâtre demande, madame, il m'a fallu vendre tout ce dont je pouvais me parer en ville.

MADAME DE GR...

Pourquoi cela? Est-ce qu'elle n'a pas sa part?

MADEMOISELLE CL...

Pardonnez-moi, j'ai ma part, madame; mais deux mille écus qu'elle rapporte, *bon an, mal an,* sans aucune grâce particulière de la cour, suffisent à peine aux besoins de première nécessité; et puisque la légéreté de M. le maréchal m'y oblige, je lui ferai la honte d'avouer que je suis dans le besoin.

MADAME DE GR...

M. le maréchal, c'est affreux.

M. LE MARÉCH.

C'est sa faute, madame; ce n'est pas la mienne. Pourquoi refuse-t elle de faire comme les autres? Elle pourrait rouler sur l'or; mais on ne veut qu'un sentiment délicat et pur : c'est de l'amour, de la constance, des procédés de l'autre monde! On refuse toutes les offres avantageuses, et l'on meurt de faim avec Céladon.

MADEMOISELLE CL....
(*après un instant d'examen.*)

Puisque vous avez souffert, mesdames, une sortie si peu digne de vos oreilles, j'espère que vous daignerez aussi permettre que j'y réponde.

LES DEUX DAMES.

Rien n'est plus juste.

MADEMOISELLE CL....

Monseigneur, vous êtes assailli tous les jours par les demandes générales et particulières des secours dont les comédiens ne peuvent plus se passer. Notre détresse est excessive ; nos recettes diminuent tous les jours; et vous conviendrez, je l'espère, que ce n'est ni faute de talent, ni faute de zèle. Nous avons parmi nous des femmes âgées et des hommes; vous ne pouvez pas leur proposer l'honnête ressource de se faire entretenir : venez au moins au secours de ceux-là. Je viens de vous donner un bon exemple à suivre. Vous m'avez chargée de fixer le montant des gratifications, daignez jeter les yeux sur cet état : vous y trouverez mon nom effacé, et les cent pistoles que j'ai coutume de recevoir, réparties sur tous les autres.

M. LE MARÉCH...

C'est une Bélise!...

Mademoiselle Cl...

Je ne crains pas que vous m'en croyez susceptible, et je me flatte que vous ne verrez dans ce sacrifice que l'indispensable nécessité de venir à notre secours. Mais, monseigneur, passons à ce qui me regarde personnellement : vous venez d'avoir la bonté de dire que j'avais de très-grands talens, et je puis me permettre de croire qu'on pense comme vous dans quelques parties de l'Europe.

L'impératrice Elizabeth m'a fait offrir quarante mille francs d'appointemens par an, une maison meublée, un carrosse, un couvert pour six personnes, soir et matin; j'ai refusé, et vous avez trouvé que je faisais bien. Cet état était pourtant plus sûr, plus avantageux, plus honorable que celui d'une fille entretenue, et j'ai dû croire qu'un aussi grand sacrifice, connu de mes supérieurs et du roi même, ne me laisserait plus l'horrible alternative ou de manquer de pain ou de m'avilir pour en avoir; mais tout ce que ce sacrifice m'a valu est l'honneur de voir entourer mon tableau de Médée (1) d'un cadre ordonné par le roi, et de votre part, monseigneur, toutes les preuves

(1.) Ce tableau, peint par Carle-Vanloo, premier peintre du roi, m'avait été donné par Mlle de Galitzin, princesse russe, qui daignait me regarder comme son amie, et qui fut chargée de toutes les propositions de l'impératrice Elizabeth. Louis XV voulut voir ce tableau. Après l'avoir long-temps examiné, il fit l'éloge le plus flatteur du peintre, du sujet qu'il représentait, et dit : « Il n'est que » moi qui puisse mettre un cadre à ce tableau, et » j'ordonne qu'on le fasse le plus beau possible ». Ce cadre a coûté cinq mille francs. Les réductions de l'abbé Terrai, ne me laissèrent d'autres ressources que celle de vendre tous mes effets, et de me retirer en Allemagne. Le Margrave d'Anspach, me pressait de me retirer dans ses états : il fallut me résoudre à me défaire de ce superbe tableau. M. Randon de Bossette vint chez moi m'en offrir vingt-quatre mille francs : je lui demandai quelques jours pour me décider. Dans l'intervalle, le Margrave m'écrivit que, si mon intention étoit de le vendre, il m'en demandait la préférence; je me décidai à lui en faire hommage. On me demanda cinquante louis pour le nettoyer, le démon-

de légéreté, d'inconsidération et d'inhumanité possibles. Je ne devais assurément pas les attendre de l'amitié à laquelle vous m'avez ordonné de croire. Sachez, monseigneur, qu'il est impossible d'être une grande actrice sans avoir une grande élévation d'ame: je suis chargée de représenter ce que l'univers a vu de plus respectable : je ne puis être tout-à-la-fois Sémiramis et Marion de Lorme. Je n'ai ni la naissance ni la fortune qui peuvent me faire respecter; mais mon ame infiniment au-dessus de mon état vous impose la loi de me conserver au moins des égards.

M. LE MARÉCH...

Je vous assure que...

MADAME DE LAUR...

Taisez-vous, monsieur le maréchal: il n'y a rien à répondre à tout cela.

ter, l'empaqueter et le transporter à Strasbourg: je les donnai. Il est placé dans le château du Margrave ; j'ignore s'il le regarde quelquefois ; mais je suis sûre au moins qu'il ignore de quel prix il peut être.

MADAME DE GR...

Non, rien du tout : elle a toute raison. Mais, mademoiselle, je sais cependant que vous êtes trop fière. Mon frère m'a dit qu'il vous avait offert des secours et que vous les aviez refusés : pourquoi cela ?

MADEMOISELLE CL...

Soyez mon juge, madame. M. le duc de Choi.. est un grand seigneur par lui-même; il est roi de France, au moins en second : il a tout l'esprit possible, l'amabilité, la naissance ; la grâce qu'il unit à tout ce qu'il dit, à tout ce qu'il accorde, en fait, ce me semble, un des plus séduisans personnages du monde. Je suis sensible ; si je joignais le devoir de la reconnaissance à tous les sentimens qu'il m'inspire, il se pourrait que cela me menât trop loin..... Vous ne désapprouverez pas sans doute, que j'évite ce danger ? Que je ne lui laisse pas les moyens de suspecter d'un vil intérêt, les respectueux hommages que j'aime tant à lui rendre? Mais pour vous prouver mieux, madame, que ma fierté ne m'aveugle pas, monsieur le maréchal vient de vous dire que je n'avais pas de robe, daignez m'en donner une et je m'honorerai de la porter.

MADAME DE GR... (*attendrie et embrassant mademoiselle Cl...*)

Vous êtes charmante ! Vous êtes charmante ! Demain vous en aurez une. Je vous remercie de cette préférence, et des doux momens que vous venez de me faire passer. Vous êtes bien heureux, monsieur le maréchal, de ne pas souper avec moi, je vous aurais grondé toute la soirée... Mademoiselle, toutes les fois que vous allez à Versailles, vous allez voir mon frère, arrangez-vous tous deux comme vous voudrez, mais donnez-moi quelques-uns de ces momens-là.... On n'a pas plus d'esprit, plus d'éloquence; je veux causer avec vous : promettez-moi que vous viendrez me voir.

MADEMOISELLE CL...

Le devoir que vous m'imposez, madame, me sera bien doux à remplir.

MADAME DE GR... (*regardant la pendule.*).

Ah! mon dieu! Il est près d'onze heures; je ne m'en doutais pas. Madame la duchesse, allons nous-en bien vîte... Quand venez-vous à Versailles?

MADEMOISELLE CL...

Jeudi prochain.

MADAME DE GR...

Je vous attendrai.

MADEMOISELLE CL...

Je n'y manquerai sûrement pas.

―――

EXPLICATION

AVEC S. A. S. MADAME LA M***,

DEMANDÉE PAR MOI.

Mademoiselle Cl....

J'ose vous supplier, madame, de vous rappeler que je ne suis arrivée dans vos états qu'avec votre consentement, et que je ne m'y suis établie que par vos ordres ; j'oserai même ajouter à votre prière. Je les habite depuis plus de deux ans, et ce temps employé à détruire la cabale qui voulait détruire le ministère ; les abus arrêtés, les réformes dans les dépenses, les moyens ouverts par moi d'éteindre des dettes à 28 pour cent d'intérêts, mes soins, mes égards, mes services pour tous ceux qui recouraient à ma faveur, le pardon des injures, mon attention scrupuleuse à me tenir à ma place, mon profond respect pour V. A. S. le bonheur que j'ai fait renaître dans son ame en lui ramenant son époux, et cet époux calme, content, docile par mes soins n'ont pu vous laisser aucun doute sur la pureté de mes intentions et de ma conduite. Cependant, madame, vos bontés pour moi diminuent chaque jour. Vous daignez me recevoir, m'admettre à votre table, tout ce que vous me faites l'honneur de me dire est honnête, mais j'ai trop d'expérience pour ne pas voir que ma présence vous gêne, et qu'en me recevant, vous ne cédez qu'à la crainte de déplaire au M... Ce changement influe trop sur ma destinée pour ne pas oser vous en demander la cause. De quoi V. A. m'accuse-t-elle? Qu'ai-je fait, ou que lui-a-t-on dit?

MADAME LA M....

Je ne puis pas aimer la maîtresse de mon mari.

MADEMOISELLE CL....

(*après un moment de réflexion.*)

Le M... m'a conté toutes ses aventures; et vous-même, madame, vous avez bien voulu me confier que vous aviez toujours été fort négligée par lui, et fort maltraitée par ses maîtresses ; je sais entr'autres que madame la M. de B.... voulait absolument qu'on vous répudiât, qu'elle vous disputait le pas dans votre propre cour; que si l'on ne l'eût pas arrêtée, vous alliez en recevoir un soufflet; et que toutes, sans exception, arrachoient continuellement votre époux de vos bras et de votre lit. Depuis vingt ans que vous menez cette vie, vous devez y être faite ; et puisqu'il faut une maîtresse au M.... celle qui l'engage à remplir journellement ses devoirs matrimoniaux, qui veut qu'il ne rentre ni ne sorte sans vous voir, qui l'oblige à dîner avec vous tête-à-tête, qui vous procure des attentions, des galanteries,

dont ni vous ni lui n'aviez jamais eu
l'idée, est certainement une maîtresse
fort différente des précédentes, et sans
une extrême injustice, vous ne pouvez
lui refuser votre indulgence et vos
bontés.

MADAME LA M....

Vous allez emmener le M....; je
ne le verrai plus, et vous vous emparerez
tout-à-fait de lui.

MADEMOISELLE CL....

J'ai essuyé ici la maladie la plus grave;
votre climat trop âpre, trop rude pour
mon âge et mes infirmités, me fait une
nécessité de respirer quelque temps sous
un ciel plus tempéré ; j'ai d'ailleurs des
affaires qui m'appellent à Paris, et le
M... ne m'y suis point; il va passer son
hiver en Italie, et nous ne nous rejoindrons que pour nous rendre ici.

MADAME LA M....

Mais c'est vous qui le faites voyager:

il n'en a pas l'habitude ; il peut lui arriver mille malheurs. Nous n'aurons pas un moment de tranquillité....

MADEMOISELLE CL....

Oubliez-vous de qui le M.... est né ? Les plus petits mouvemens d'humeur ou d'ennui qu'il manifeste ne font-ils pas trembler tout le monde sur les suites funestes qu'ils peuvent avoir ?

MADAME LA M....
(*avec attendrissement.*)

Ah! mon dieu, cela n'est que trop vrai !

MADEMOISELLE CL....

Laissez-le donc se distraire. Que deviendrait ce pays ? Que deviendriez-vous vous-même si ce malheur arrivait ? Par devoir et par crainte vos ministres avertiraient la cour de B..... Vous n'avez point d'enfans : vous auriez une régence et tout serait perdu ; et si la raison revenait, le M.... au désespoir, pourrait se porter aux dernières extrémités. Supportez donc avec courage une privation ordonnée par la prudence, et bénissez mes intentions au lieu de les maudire.

MADAME LA M...

Fort bien ; mais il ne vous quitte pas, et cela me déplaît infiniment.

MADEMOISELLE CL...

Vous avez toutes ses nuits : il dine tous les jours avec vous ; il n'en passe aucun sans entrer trois ou quatre fois dans votre appartement; j'ai le reste du temps, ce n'est pas trop. J'ai tout sacrifié pour venir dans ses états; je n'y cherche que lui, et si je ne le voyais pas, rien ne serait capable de m'y arrêter: si vous me traitiez mieux, je serais plus souvent chez vous : il y viendrait; en m'éloignant, c'est vous-même qui le fuyez.

Madame la M...

Mais vous prétendez qu'il vous aime plus que moi.

Mademoiselle Cl...

Je ne le prétends pas; mais cela doit être : il est votre maître et n'est pas le mien : il ne vous est pas permis d'avoir une volonté, j'ai le pouvoir d'en avoir une, et la raison suffisante pour la faire craindre et chérir : je mets du rouge, qui me donne l'air plus jeune et plus gaie, et vous êtes d'une pâleur à dérouter tous les désirs possibles : il ne vous trouve jamais qu'avec votre triste filet, de dessus lequel vous n'ôtez point vos yeux, il déteste de vous voir cet ouvrage, et n'en peut obtenir le sacrifice; moi, j'ai l'attention de jeter à l'instant même par la fenêtre tout ce qui a l'air de lui déplaire; vous lui prêchez la haine de tous les siens qui le rend malheureux, et je lui recommande sans cesse l'amour de l'humanité,

qui

qui le console. L'austérité de votre maintien annonce les respects que vous exigez pour votre rang; vous êtes femme, et cette exigence peut être en vous une vertu de plus : moi qui le plains d'être prince, parce que j'en porte fort loin les devoirs, je l'engage quelquefois à ne se croire qu'un simple particulier, qui n'a rien à prétendre que par ses vertus. Au défaut de lumières, je rassemble tout ce que je puis avoir de bon sens, d'expérience, de zèle, d'humanité pour le tirer de l'état d'oppression où ses prédécesseurs l'ont mis; en partageant également et sa peine et sa satisfaction, j'ai le bonheur d'alléger la première, et de doubler la seconde. Vous, madame...., pardonnez à la position où vous me mettez de tout dire: inutile pour tout le monde, ne vous mêlant jamais de rien, vous restez dans une apathie qu'on peut prendre pour de l'indifférence ou quelque chose de pis; cela n'engage pas.

Enfin, madame, je ne coûte rien; j'ai beaucoup donné, et jusqu'à ce moment

S

je n'ai rien reçu en échange, et même rien désiré. Contente de....

MADAME LA M...

Comment, rien reçu en échange? On vous a payé tout ce que vous avez cédé; et je sais que votre maison coûte fort cher.

MADEMOISELLE CL...

L'on vous a trompée, madame. La dépense qui se fait chez moi est uniquement pour le M.... et pour les personnes qu'il invite : ma santé ne me permet point de goûter des mets qu'on apprête ; un morceau de grosse viande, apprêtée le plus simplement possible, est la seule dépense que j'occasionne, et je suis sûre que je ne coûte pas un florin par jour : depuis que je suis ici j'ai dépensé 14 mille francs sur mes revenus.

Quant au paiement de mes dons, j'ose répéter à V. A. que je n'ai jamais rien reçu.. Je vous supplie de demander au M.... si je vous en impose.

MADAME LA M...

Et c'est de lui que je tiens que vous êtes payée, nommément pour ma toilette, et pour tout ce que vous m'avez fait venir.

MADEMOISELLE CL... (*en se levant*).

Je l'entends heureusement dans votre salon.

MADAME LA M.... (*l'arrêtant*).

Mon Dieu, qu'allez-vous faire? J'aurai une scène!...

MADEMOISELLE CL... (*ouvrant la porte*).

Vous m'avez fait une nécessité de braver tout. Monseigneur, vous avez dit à Madame la M... que vous m'aviez payé tout ce qu'elle et vous avez daigné recevoir de moi. Je vous prie de dire quand et comment?

L e M....

Ma bonne maman, je vous demande bien des pardons; je l'ai dit, et je l'avoue.

Mademoiselle Cl...

Mais avez-vous dit la verité? Suis-je payée?

L e M....

Non, ma bonne maman, vous ne l'êtes pas: j'ai menti.

Mademoiselle Cl...

Madame, vous l'entendez. Monseigneur, c'est à votre cœur que je remets la vengeance d'un mensonge qui vous humilie autant que moi: la seule pénitence que je vous impose, est de me laisser jouir seule avec madame des momens qu'elle veut bien m'accorder.

MADAME LA M.... (*regardant sortir son mari.*)

Quel empire vous avez sur lui!

MADEMOISELLE CL....

Vous voyez, madame, l'empire de la raison et de la vérité sur la faiblesse ; faites-en votre profit. Si j'étais à votre place, mes rivales ne seraient pour moi que des colifichets, que je ne serais jamais dans le cas de craindre.

MADAME LA M....

Que puis-je?

MADEMOISELLE CL....

Vous rendre nécessaire, vous instruire. Vous le pouvez plus aisément que moi: vous savez la langue. Vous devez avoir quelque connaissance des constitutions germaniques : à votre place, je serais premier ministre : je me mettrais au moins en état de faire face à tout. S'il arrivait quelque désordre, je serais, pendant l'absence de mon mari, l'être sur lequel il compterait le plus pour l'instruire de la vérité : madame, cela vaudrait mieux que de faire du filet tout le jour.

MADAME LA M....

Ce serait le plus grand bonheur qui pût m'arriver : mais le M.... n'y consentirait jamais.

MADEMOISELLE CL....

Pourquoi ?

MADAME LA M....

Le M.... est jaloux de son autorité.

MADEMOISELLE CL....

Il faut bien qu'il la confie : il ne fait rien sans ses ministres. Il me la confie bien, à moi, qui suis étrangère, et dont les intérêts sont assurément bien inférieurs aux vôtres. Peut-être craindrait-il votre indolence; sondez-vous bien. Vous sentez-vous capable des études, des réflexions, de la tenue, de la sagesse que demande une aussi grande entreprise ?

MADAME LA M....

Je crois qu'oui; je ferais du moins l'impossible.

MADEMOISELLE CL....

Eh! bien, madame, je me fais fort de l'obtenir et de vous donner le pouvoir de faire à l'avenir autant de bien ou autant de mal qu'il vous plaira.

MADAME LA M.... (*se lève avec transport, et prenant mademoiselle Cl.... dans ses bras, dit:*)

Ah! si vous m'obtenez ce bien, j'avouerai que je n'ai jamais eu d'amie comme vous!

MADEMOISELLE CL....

Rappelez-vous, madame, que dans la première conversation particulière que j'ai eu l'honneur d'avoir avec vous, je vous ai promis de travailler à votre bonheur : jusqu'à présent j'ai tenu parole; je continuerai; et pour remettre entièrement le calme dans votre ame, assurez-vous que je ne suis point la maîtresse du M.... Je n'ai pour lui que les sentimens d'une mère et d'une amie, et lui-même ne me chérit qu'à ces titres-là. Pour peu que vous fassiez de progrès dans la politique où vous allez vous exercer, vous sentirez bien vîte qu'une maîtresse ne vous conférerait ni tant d'honneur, ni tant de pouvoir....

LETTRE

A S. A. S. MONSEIG. LE MARG. D'A***

Votre passion effrénée pour une femme que malheureusement *vous seul* ne connaissez pas, le bouleversement de vos plans et de ma destinée, votre insouciance sur l'opinion publique, la licence de vos nouvelles mœurs, votre manque de respect pour votre âge et votre dignité, m'ont obligée à ne plus voir en vous qu'une ame vicieuse qui cessait de se contraindre, ou qu'une tête égarée qu'il fallait plaindre et contenir. L'habitude de vous chérir, de croire à vos vertus, m'a fait rejeter tout ce qui vous dégradait. En conséquence j'ai tout supporté; votre inhumanité, vos outrages, votre ingratitude n'ont pu me faire changer le plan de conduite que je m'étais proposé.

Par mon silence sur tout ce qui regardait votre maîtresse, j'ai, du moins, arrêté le comble que vous vouliez mettre à vos torts, en quittant publiquement notre maison ; autant que je l'ai pu, j'ai caché sous un front toujours calme et quelquefois riant, les douleurs déchirantes de mon ame et de mon corps. J'ai permis de croire que je ne vous désapprouvais pas, et que je vous regardais toujours comme mon meilleur ami. Mais le temps de feindre est fini. Vous êtes arrivé dans vos états ; quoi que vous veuillez faire désormais, je ne crains plus qu'on m'en rende ni coupable, ni comptable, et vous-même conviendrez sans doute qu'il est bien temps que je rejette vos fausses protestations d'amitié.

Le voile est tombé, monseigneur ; je sais à présent que je ne fus jamais que la malheureuse victime de votre égoïsme et de vos diverses fantaisies ; si vous aviez été véritablement mon ami, vous ne m'auriez pas éconduite de vos états pour madame de Ca... madame Ku...

etc. etc. vous n'auriez pas sacrifié mes lettres, dont chaque mot peignait ma tendresse et vos devoirs; vous m'auriez continué la confiance que je n'ai point cessé de mériter; vous n'auriez point abusé des prérogatives de votre sexe, de votre rang, pour m'opprimer et m'avilir; vous auriez (quelque puisse être votre nouvel amour), respecté les sentimens et la conduite que vous me connaissez depuis dix-sept ans; vous auriez eu pitié de mon âge et de mes infirmités; vous m'auriez tenu compte de mon désintéressement, et de l'utilité de mes avis : convaincu, par l'expérience, de ma condescendance à vos goûts, vos fantaisies, vos passions, vous ne vous seriez pas séparé d'une femme qui n'avait d'autres prétentions, d'autres sentimens que ceux de la plus tendre des mères et la plus solide des amies. Je ne puis concevoir comment vous n'avez pas rougi vous-même de ne plus vous montrer à mes yeux que comme un forcené, se délectant à m'assassiner à coups d'épingles.

Juste ciel! êtes-vous l'homme dont j'ai tant prôné les vertus ?

Je conviens que pendant les cinq dernières semaines de votre séjour à Paris, vous vous êtes montré beaucoup moins malhonnête : vous avez pris la peine de vous contraindre; vous m'avez quelquefois forcée de croire que mon estime et mon amitié importaient encore à votre bonheur ; mais mon retour dans le monde et le bruit que vous y faisiez ont détruit ce moment d'illusion. Je sais (non sans étonnement) tout ce que vous avez fait depuis sept à huit ans : votre savante et profonde dissimulation m'est à présent connue; je vois que je n'ai plus rien à prétendre, et que nos liens doivent se rompre sans retour. Vous vous en applaudissez sans doute? et moi, malheureuse! je ne m'en consolerai jamais. Mon ame aussi tendre qu'invariable portera dans le tombeau les sentimens que je vous ai voués : je vous plains, vous pardonne, et vous souhaite autant de bonheur et de gloire que j'éprouve de regrets et de douleurs.

C'est avec infiniment de peine que je remets à vos pieds le bien que je tenais de vous. Je ne me dissimule point que cette démarche blesse votre dignité (et je suis loin, hélas! de vouloir vous faire un outrage); mais vos procédés m'en ont fait un devoir. Rappelez-vous que je n'ai jamais rien voulu pour moi, que je n'ai desiré d'ajouter à ma fortune que pour ajouter à vos jouissances; que vous n'êtes pas mon souverain; et que pour obtenir le titre de mon bienfaiteur, vous deviez garder à jamais celui de mon ami. Je ne suis rien, monseigneur; j'en suis toujours convenue sans honte et sans regret; mais mon ame est quelque chose; et jusqu'à mon dernier soupir, je vous obligerai du moins à l'estimer. Adieu.... adieu pour jamais.

DIALOGUE

ENTRE

M. L***, MME. L***, ET MLLE. CL***.

M. L....

Il faut que je vous porte mes plaintes et que vous soyez notre juge. Sa coquetterie me désole ; elle veut plaire à tout le monde sans se mettre en peine de ce quelle me fait souffrir : sûrement vous n'approuvez pas cela ?

MADEMOISELLE C....

Vous êtes donc bien amoureux, M. L....?

MADAME L....

Il est jaloux, et rien que cela.

M. L....

J'ai été amoureux deux fois dans ma vie avant de vous connaître ; j'ai pensé devenir fou de la perte de celle des deux que j'ai le plus aimée : j'en ai été un an à la mort ; cependant, je sens bien que je ne l'aimais pas autant que je vous aime.

MADAME L....

Eh bien ! vous m'aimez, vous me possédez : n'en voilà-t-il pas assez pour vous trouver heureux ?

MADEMOISELLE C....

M. L......, elle n'a que vingt ans : l'abondance de ses idées est trop grande pour lui laisser le temps de réfléchir ; prenez un peu de patience, tâchez qu'elle ne compte pas tant sur vos sentimens. Sur-tout ne vous montrez jamais jaloux : c'est vous dégrader également tous deux. Si, comme je le crois, madame se respecte, vos soupçons sont offensans pour elle, et nous n'aimons jamais les gens qui nous outragent; et si sa conduite ne répondait pas à tout ce qu'elle se doit, la continuité de votre amour serait une tache pour vous-même. Votre âge et votre dignité ne vous permettent point d'aimer ce que vous ne pourriez plus estimer.

Madame L....

Je suis bien sûre de ne jamais manquer à ce que je dois; mais gardez-vous bien de suivre le conseil qu'on vous donne. Je ne veux pas que vous ayez l'air de m'aimer moins : cela ne ferait pas mon compte; mais sans vous offenser, sans vous fâcher, je puis, je dois vouloir plaire, puisque je suis femme.

Mademoiselle C....

Il faut convenir que c'est pour nous un besoin et même un devoir. Le désir de
plaire

plaire nous engage à soigner notre beauté, à corriger ou masquer nos défauts; il ne nous permet de dire que des choses obligeantes; il nous rend attentives à tout ce qui peut faire le charme de la société, le bonheur de nos entours, et la paix du ménage; il fait taire l'orgueil; il adoucit le caractère. C'est, selon moi, le germe de toutes les vertus pour nous, et je regarde ou comme fausses ou comme imbécilles; toutes celles qui nient ce besoin et ce devoir.

MADAME L....

Ah! j'ai gagné! j'en étais sûre.... Eh bien! monsieur, vous n'aurez plus rien à me dire : vous voilà condamné par les maîtres de l'art.

M. L..... (*tristement*).

Comment, mademoiselle, vous approuvez.....

MADEMOISELLE CL....

Un moment, M. L..... Madame,

daignez me répondre. En voulant plaire, c'est généralement sans doute, homme, femme, jeune, vieux, etc. etc.

MADAME L....

Oui, tout le monde : tout le monde; oui, cela ne gâte rien.

MADEMOISELLE CL...

L'entreprise n'est pas facile ; mais je conviens que c'est à vous qu'il est permis de la tenter. Je suppose que votre désir de plaire est un raffinement pour votre époux. Vous voulez qu'il sente mieux son bonheur, en voyant que tout le monde le lui envie. Mais ne craignez-vous pas qu'un fat ne prenne de l'espérance, qu'une ame sensible ne se rende heureuse? Vous voulez plaire; mais sûrement vous ne voulez pas qu'on vous aime : ce n'est pas de l'amour que.....

MADAME L....

Pardonnez-moi; je veux qu'on m'aime

autant qu'il est possible d'aimer : je veux que tous les hommes soient amoureux de moi.

MADEMOISELLE CL....

Et que ferez-vous de tout cela ? Voilà une rude besogne que vous vous donnez-là !

MADAME L....

C'est leur affaire : ce n'est pas la mienne.

MADEMOISELLE CL....

Ce n'est pas la vôtre ? Oh ! pardonnez-moi, madame ; vous vous donnez de plus grandes affaires que vous ne le croyez. Le fat vous compromettra, et vous aurez à vous justifier ; l'homme honnête et sensible se plaindra, et vous aurez des regrets ; l'audacieux entreprendra, et vous rougirez. Qui vous répond d'ailleurs que vous ne vous prendrez pas vous-même dans les filets que vous tendez ?

MADAME L......

Je connais mes devoirs ; ils me sont chers : je les remplirai.

MADEMOISELLE CL...

C'est votre intention, je n'en doute pas. Mais vous êtes bien jeune, madame, vous ne connoissez point les hommes. Votre éducation et votre époux ne vous ont point appris tout ce qu'ils sont capables d'entreprendre ; mais je suis sûre que vous frémiriez du moindre croquis que je pourrais vous en faire: habiles à profiter de tout, vous serez prise dans un moment de caprice, d'humeur, de sensibilité, d'enthousiasme, de tempérament..

MADAME L.....

Je n'en ai point ; rayez celui-là.

MADEMOISELLE CL...

Votre mine est bien trompeuse ; soit.

Vous n'en avez pas aujourd'hui ; mais qui vous dit que vous n'en aurez pas demain? On peut à vingt ans avoir des principes qui ne s'effacent jamais, mais que le temps, les circonstances modifient à l'infini; attendez, madame; attendez que les germes de votre existence soient entièrement développés. J'ai plus de soixante ans; je me suis étudiée moi-même autant qu'il est possible ; le fonds de mon caractère n'a point changé. Mais mes idées et mes sentimens ont toujours dépendu des temps et des circonstances: et d'après les recherches que j'ai faites sur notre structure, sur nos états périodiques, d'après les aveux que j'ai obtenus d'un très-grand nombre de femmes et de médecins, il m'est permis de vous assurer, madame, que vous ne serez pas toujours telle que vous êtes aujourd'hui.

MADAME L..... (*avec un peu d'humeur.*)

Il est des exceptions à la règle.

Mademoiselle Cl...

J'en conviens, et je ne doute point que vous n'en donniez la preuve ; aussi n'est-ce pas vous qui m'inquiétez : ce sont ces pauvres hommes ! Le temps des Céladons est passé. On n'est heureux dans notre triste siècle qu'en jouissant. Comment feront-ils ? Vos refus leur apprendront le peu de cas réel que vous ferez d'eux ; j'en vois qui mourront de honte, d'autres de regret ; j'en vois d'injustes et de méchans qui, croyant leurs rivaux plus heureux, clabauderont dans le monde et peut-être se tueront !.... Cela me fait pitié. Mais tablons encore que vous aurez le bonheur de ne rien éprouver de tout cela ; vous contiendrez tout : soit. Mais comment ferez-vous pour contenir les femmes qu'on aura quittées ou négligées pour vous ? Espérez-vous qu'elles vous feront le sacrifice de leurs sentimens, de leur dépit, de leur vengeance ? Non ; vous devez vous attendre à vous voir l'objet des épigrammes, des chansons, des satires les plus insultantes; et toute vertueuse que vous serez, vous ne pourrez empêcher qu'on ne vous croie une femme perdue....

MADAME L... (*pâlissant.*)

Ceci mérite réflexion; vous me faites frémir.

CHANSON

Présentée quelques jours après cette conversation

A MADAME L***.

Sur l'Air : *N'en demandez pas davantage.*

Qui veut subjuguer tous les cœurs
Doit renoncer au nom de sage ;
Ce n'est qu'à force de faveurs
Que d'un homme on obtient l'hommage :
 Puisque votre époux
 Est digne de vous,
N'en demandez pas davantage. *bis.*

Des rivaux craignez les éclats,
Des rivales craignez la rage ;
Vous ne pourriez plus faire un pas
Sans être le but d'un outrage :
 Puisque votre époux
 Est digne de vous,
N'en demandez pas davantage. *bis.*

Si l'on n'a pas tout votre esprit,
Bénissez ce grand avantage ;
Soit par raison ou par dépit
On vous tiendrait dans l'esclavage.
  Enfin votre époux
  Est digne de vous,
N'en demandez pas davantage. *bis.*

Ne faites jamais de pamphlets,
Si vous voulez qu'on vous ménage ;
On n'en lirait bons ni mauvais,
Sans crier qu'il est votre ouvrage :
  De vos dons heureux,
  Ah ! servez-vous mieux !
Ayez la bonté de votre âge. *bis.*

ENVOI.

Quoique dans l'hiver de mes ans,
J'ai su conserver la couronne
Des fleurs cueillies en mon printemps,
Et des doux fruits de mon automne.
  Ecoutez ma voix,
  Et suivez les loix
Que l'expérience vous donne. *bis.*

AUTRE,

SUR LE MÊME AIR,

ADRESSÉE A Mme. DROUIN.

L'AMITIÉ, depuis cinquante ans,
Fait de nos cœurs un doux usage ;
Elle a réglé nos sentimens,
Ils s'accroissent avec notre âge.
  De notre lien ,
  Sentons tout le bien ,
Et serrons-l'encor davantage. *bis*.

Quoique rivales de talens,
Nous avons méconnu l'outrage ;
Et plus nos succès étaient grands,
Plus nous comptions sur nos suffrages ;
  De notre lien ,
  Sentons tout le bien ,
Et serrons-l'encor davantage. *bis*.

Au temple glissant des hasards,
Tant qu'a duré notre voyage ,

Tu me pardonnas mes écarts,
Je te pardonnai d'être sage.
  De notre lien,
   Sentons tout le bien,
Et serrons-l'encor davantage. *bis.*

Contente d'un peu plus que rien,
Et fière de ton esclavage,
Tu cherchas le suprême bien
Dans ton ame et dans ton ménage.
  Mais notre lien,
   N'en souffrit en rien,
Ah ! serrons-l'encor davantage. *bis.*

Moi, condamnée à plus d'éclat,
A l'amour, au faste, au tapage,
Je n'ai vu dans mon célibat,
Que des tourbillons, des orages,
  Mais notre lien,
   N'en souffrit en rien,
Ah ! serrons-l'encor davantage. *bis.*

En vain nous cherchions le bonheur,
Il fuit l'ame sensible et sage.
Des hommes ingrats et trompeurs,
Que l'amitié nous dédommage.
  De notre lien,
   Sentons tout le bien,
Et serrons-l'encor davantage. *bis.*

RÉFLEXIONS

SUR LES MARIAGES D'INCLINATION,

OU

POURQUOI J'AI REFUSÉ DE ME MARIER.

L'AMBITION est une passion si commune et peut-être si naturelle, qu'on peut s'étonner qu'une femme qui les étudiait toutes, qui paraissait s'en pénétrer, qui se permettait de se livrer à quelques-unes dont le calme des sens et le temps pouvaient amener le repentir, ait rejeté celle qui devait flatter sa vanité et la préserver des dangers d'une liberté indéfinie. Mais j'avoue que mon ame constamment au-dessus de mon état et de mes erreurs, ne m'a jamais permis d'envisager les unions mal assorties qu'avec des sentimens d'indignation ou de pitié; jamais je n'ai pu concevoir qu'une femme prît un état inférieur à celui qu'elle avait reçu de la nature. J'entends qu'elle se console de n'être rien, mais je n'entends pas qu'elle se rabaisse par son choix; elle n'y peut être portée que par des désirs, des sentimens honteux, de la bêtise ou de la misère. Ce dernier point est le seul qui puisse s'excuser : il est même possible de s'en faire un mérite réel, si l'on ne veut se rappeler l'état qu'on a perdu que pour mieux honorer celui que l'on a pris; mais j'ai vu tant de mariages malheureux entre des demoiselles nobles et des roturiers, que je n'ai pu m'empêcher de rire souvent aux dépens des dupes qui les avaient faits.

Les hommes se sont laissés le droit d'ennoblir toutes leurs folies amoureuses, et qui que nous soyons, de nous élever jusqu'à eux. Mais les vices dont les particuliers abondent ne changent rien à la sévérité des jugemens publics : c'est en vain qu'on veut se mettre au-dessus des préjugés : qui les brave en est tôt ou tard la victime. Eh ! comment espérer qu'on se pardonnera toujours de s'être rendu moins cher à sa famille et moins recommandable à ses égaux ? Le véritable amour est si rare ! il est si difficile de trouver l'être qui doit, qui peut le justifier ! Les divers événemens de la vie, l'expérience des différens âges, l'inconstance et la multiplicité de nos désirs, le peu de durée de nos vrais besoins, amènent de si grands changemens dans notre moral et notre physique, qu'il faut se réserver au moins la consolation d'être plaint, et le bonheur de n'avoir point de reproches à se faire.

Sur quoi se fondent ces sentimens impétueux dont les hommes se laissent aveugler ? Sur la beauté que tout le monde envie ; la vertu qui fait résistance ; la fortune qui tente un homme qui n'en a point ; les séductions de l'esprit, des grâces et des talens ; voilà, je crois, tout.

Mais la beauté passe bien vîte, et l'on voit rarement avec elle les qualités qui peuvent consoler de sa perte; ses compagnes les plus ordinaires sont l'orgueil et la sottise : elles amènent bientôt le dégoût, le regret, l'abandon; et souvent l'outrage de part et d'autre est au bout de fort peu de temps tout ce qui reste aux deux époux.

La vertu doit trouver des approbateurs et peut tenir lieu de tous les biens du monde; mais est-elle réelle, pure ? Nous sommes bien trompeuses ! Notre éducation nous apprend à feindre, notre intérêt nous en fait souvent une nécessité; et toutes les raisons qu'on peut avoir d'y croire, n'empêchent pas le caractère, l'ignorance, la misère, l'exemple des femmes, la séduction et la méchanceté des hommes de lui porter les plus sensibles atteintes; c'est être au moins imprudent d'y croire sans un profond examen, et de lui confier pour toujours son honneur et sa liberté.

Les richesses ! Si l'on ne les doit pas à

sa famille, d'où viennent-elles ? Les femmes d'un rang inférieur et nées pauvres, n'ont de ressources que par le travail, les talens et les vices. L'ouvrière peut à peine se tirer de la misère.

Les émolumens des plus grands talens étaient, de mon temps, au-dessous du nécessaire de leur état; et, qui ne voulait pas s'avilir, n'avait de moyens d'aisance, que par quelques petits intérêts que la protection des grands leur faisaient obtenir dans les affaires, et les grâces faibles et momentanées du souverain.

C'est donc du vice seul que ces richesses peuvent provenir; et ce vice.... Non, je ne veux point essayer de le peindre; l'horreur qu'il m'inspire feroit tomber la plume de mes mains. Qui, d'ailleurs, ignore le scandale de ces marchés qui font porter aux pieds des plus avilies des femmes, les biens acquis par ses travaux, ou ses ayeux, la dot d'une épouse et l'héritage de ses enfans? Quels peuples ne gémissent pas sous le fardeau de l'incontinence de leurs souverains ?
Tout

Tout toléré qu'est ce vice, personne ne se dissimule qu'il est le plus déshonorant de tous. Comment est-il possible qu'il existe des ames assez basses pour vouloir en partager le honteux salaire? Les hommes ont tant de moyens de faire respecter leur misère! La naissance, la force, les arts, les lumières, les vertus ouvrent tant de routes à leurs besoins et à leur ambition, qu'ils ne peuvent se flatter d'échapper au mépris public, et même au mépris de celles qu'ils épousent.

La séduction! Il m'est permis de croire que peu de femmes possèdent plus de moyens que je n'en avais pour établir son empire; j'oserai même dire, pour le justifier. Aux dons flatteurs dont la nature peut parer une femme, elle avait réuni pour moi la force, le courage, et le cœur d'un galant homme. Tous mes engagemens m'étaient sacrés, tous mes devoirs m'étaient chers. Un caractère aussi fier que sensible ne me laissait envisager de gloire et de biens que dans le

V

succès de mes travaux, et de bonheur que dans l'amour. Obligée de méditer sans relâche sur tous les grands personnages de l'antiquité, sur leurs vertus, sur leurs faiblesses, il fallait nécessairement que mon âme s'élevât, et que mon cœur s'attendrît. La variété de mes parures, celle de toutes les passions que j'avais à peindre, remplissait journellement ce goût frivole de ma nation pour la nouveauté. Les applaudissemens que je recevais justifiaient les hommages qui m'étaient rendus. Ma société n'était composée que de gens de lettres, autant éclairés que sages, et de gens du monde, de mœurs irréprochables ; tout ce qui pouvait me faire suspecter d'ambition, de légéreté, d'intérêt, était scrupuleusement éconduit. Il était donc flatteur d'en être. Des femmes de la première distinction daignaient mêler des égards, une amitié réelle, de la confiance même pour ma personne, à la protection qu'elles accordaient à mes talens ; sûrs que je n'abuserais de rien, mes supérieurs et les ministres n'ont jamais refusé de me recevoir, de m'entendre, et de m'accorder ce que je demandais. Ma célébrité avait franchi les bornes de ma patrie. Quel cœur sauvage ou glacé n'eût pas mis son bonheur à me plaire?

C'est sans doute avec complaisance, pour mon ame, que le froid de l'âge n'atteint point encore, que je me retrace tous les droits que j'avais pour plaire. Je suis femme; l'humilité n'est pour nous qu'un masque, et mon caractère n'a jamais admis aucune fausseté : tout être en état de causer avec lui-même, sait ce qu'il vaut; et me montrer telle que j'étais, est un devoir pour moi, puisque c'est le seul moyen de faire pardonner l'égarement des passions que j'inspirais.

Je ne parlerai pas des fortunes que j'ai rejetées : je n'en recevais les offres que comme un outrage.

Quatre fois les nœuds sacrés du mariage m'ont été proposés; la naissance, l'honneur, les biens ne me laissaient rien à désirer. J'ai refusé les trois premiers, parce que je n'aimais pas, et le quatrième, parce que j'aimais véritablement.

J'avais trop étudié le cœur humain, pour espérer un sentiment durable; j'avais trop de raison pour ne pas respecter les préjugés, trop d'amour pour dégrader ce qui m'était cher, trop de fierté pour m'ôter les moyens de m'estimer moi-même.

Je reçus tous les écrits, tous les sermens qu'on voulut faire; je consentis à donner les mêmes assurances, et pendant dix-neuf ans, ma fortune, ma volonté, ma conduite, n'ont permis aucun doute sur le respect que je portais à cet engagement; ma façon d'éluder une conclusion que les instances les plus vives ont sollicitée treize ans de suite n'a pu que manifester mieux de jour en jour ma tendresse et ma reconnaissance. Ce que mon cœur a rendu de combats ne peut être apprécié que par moi; je leur dois sans doute une grande partie des maux que j'éprouve aujourd'hui ; mais qu'importent ces maux ? qu'importe ma vie même ? je n'ai point de reproches à me faire.

Quoique le comte de V... dût être riche un jour (1), sa mère le tenait à une pension très-modique ; il avait des dettes ; son grade l'obligeait à des dépenses assez considérables. Il aimait le faste et la bonne chère, et pour satisfaire à ses besoins et ses goûts, je vendis tout ce que j'avais d'inutile ; et hors la dépense du théâtre, dont je devais compte aux auteurs et au public, je me privai de tout pour moi-même.

Dans le moment le plus pressant de nos besoins, je fis la connaissance de madame de Gallitzin, princesse russe. Par un de ces hasards que rien ne peut expliquer, cette dame se passionna si vivement pour moi, qu'elle ne pouvait passer deux heures, ou sans me voir, ou sans m'écrire. La confiance est bientôt établie entre deux femmes qui s'aiment

(1) Le bien de sa mère lui était substitué.

et qui se voient à tous les instans du jour. Elle m'ouvrit entièrement son cœur; je la fis lire sans restriction dans le mien. La position où je me trouvais la toucha; elle était riche, généreuse : ses offres furent dignes d'elle; je les refusai toutes (1); non que je ne m'avouasse que les bienfaits d'une amie si respectable ne dussent m'honorer; mais je n'ai jamais rien désiré pour moi. J'ai souvent manqué du nécessaire, et je me rappelle que ces momens étaient les plus fiers de ma vie. J'aurais voulu posséder toutes les richesses du monde pour en faire hommage à ce qui m'était cher; mais j'aurais cru dégrader son cœur et le mien, en lui présentant les dons de qui que ce fût. L'amour seul a le droit d'ennoblir les secours qu'un homme reçoit d'une femme. La prin-

(1) On a dit dans le monde, que j'avais reçu des dons immenses de la princesse : rien n'est plus faux. Mon tableau de Médée, une petite robe que j'ai portée vingt ans, une garniture de dentelle que je conserverai toute ma vie, sont les seuls dons que j'en reçus jamais.

cesse ne m'en aima que plus. L'idée de se séparer de moi lui devint insupportable, et lui donna celle de me faire appeler en Russie. L'impératrice Elisabeth me fit demander par son ministre à la cour de France, et l'on m'offrit, de sa part, quarante mille francs d'appointemens, déposés chaque année chez tel notaire de Paris que je voudrais nommer, une maison, un carrosse, une table servie soir et matin pour six personnes. Sans l'amour, je n'aurais pas balancé. La France est peut-être le pays où l'on juge le mieux les talens; mais il n'en est point de plus ingrat envers eux.

Je fis part de tout au comte. Dégoûté lui-même de son pays, par des tracasseries de cour, il me conseilla d'accepter, et me dit qu'il me suivrait. Ces mots me firent frémir malgré moi. Les biens que je pouvais acquérir disparurent; je ne vis plus que ceux que j'allais lui faire perdre. La princesse osa mander tout ce qui se passait dans nos ames, et la réponse fut: Que, si le comte

voulait m'épouser et me suivre, il lui serait accordé le même grade qu'il avait en France, et les émolumens nécessaires pour le soutenir. Pour donner encore plus de poids et d'agrément à ses propositions, la princesse nous assura que nous n'aurions point d'autre asyle que sa propre maison. Le comte accepta tout; et l'idée qu'il me devrait son avancement et sa fortune, me séduisit moi-même quelques instans. Heureusement, je tombai malade : libre d'étude et de devoirs, nécessairement plus solitaire, j'eus le temps de scruter mon ame, et de lui demander comment elle s'arrangerait avec ses anciens principes. L'austère vérité sembla m'apparaître, et prononcer par ma bouche même : « Ah! malheu-
» reuse femme! quelle imprudence allez-
» vous faire ? Qui peut compter sur
» l'immuable volonté des humains? Quel
» amour fut jamais éternel? Quel homme,
» pouvant prétendre à tout par lui-
» même, se pardonnera toujours d'avoir
» tout abandonné pour une femme ?

» Vous n'êtes rien. Qui vous répond
» qu'il ne rougira pas d'être votre re-
» devable? Oubliez-vous que, qui veut
» prétendre à l'estime de son époux, ne
» doit pas commencer par être sa maî-
» tresse, sur-tout, si cette erreur n'est
» pas la seule de votre vie? Que vous
» restera-t-il donc, lorsque son amour
» s'éteindra? Agée de sept ans plus que
» lui, vous flattez-vous que vos charmes
» dureront autant que les besoins de
» son cœur et de ses sens? Les infidé-
» lités qu'il vous a déjà faites, ne vous
» disent - elles point assez ce que le
» temps, ses regrets, ses remords pour-
» ront produire? Vous aurez à vous
» défendre des vues ambitieuses, dont
» une famille irritée vous accusera. Vous
» serez humiliée par des femmes, qui
» croiraient se manquer en vous élevant
» à leur niveau : la méchanceté, l'envie
» se réuniront pour vous prêter les
» torts les plus abominables. Le public,
» qui n'approfondit rien, fera retentir
» par-tout le cri de l'indignation. Mais,

» quand il serait possible que tout le
» monde fermât les yeux et gardât le
» silence ; que votre amant vous adorât
» toujours, et ne regrettât jamais rien,
» vous flattez-vous d'être contente de
» vous-même ? Votre délicatesse ap-
» prouvera-t-elle que vous abusiez de
» votre empire ? Votre caractère et vos
» études ne vous ont-ils pas convaincue
» que l'ame, capable de rejeter tous
» les biens qui vous sont offerts, est
» mille fois plus noble que celle qui les
» accepte ?.... »

Tout fut dit : mon illusion disparut. Je restai fille, pauvre ; je ne partis pas ; mais, en sacrifiant au devoir mon amour, ma fortune et ma vanité, en acquérant les moyens de m'estimer moi-même, j'ai sûrement plus gagné que perdu.

LETTRE

A MADAME DE V***.

O vous que j'aime avec l'effervescence de mon bel âge ! Vous que soixante-neuf ans d'apperçus, de comparaisons et d'expérience m'obligent à mettre au-dessus de toutes les femmes, aidez-moi de vos vertus et de vos lumières. Avant de sortir de la vie, je voudrais savoir ce que c'est que le bonheur : non que je l'espère et le prétende pour moi, mon âge et mes maux seraient pour lui des obstacles insurmontables ; mais s'il était possible que je m'assurasse qu'il peut se répandre sur les humains, qu'il peut combler les vœux des personnes qui me sont chères, je mourrai consolée.

J'entends parler de lui par tout le monde, j'en ai fait le but de toutes mes actions, je le cherche enfin depuis que je respire. Tous les portraits qu'on m'en a faits se ressemblaient si peu l'un à l'autre, ils me renvoient à tant d'idées abstraites, que je n'ai pu le comparer qu'aux nuages que l'agitation des airs change de formes et détruit au moment même où l'on en veut déterminer la figure. Quels qu'aient été mes désirs, mon activité, mes recherches, je n'en connais encore que le nom. Croyez-vous que réellement il existe ? croyez-vous qu'il nous soit possible de nous le procurer? J'espérais le rencontrer en livrant mon ame aux divers sentimens de la nature, de l'humanité, de l'amour, de l'amitié; rien ne m'a réussi. Quelques illusions agréables, soutenues par l'espoir que devaient me donner la jeunesse, un caractére prononcé, de la figure, des talens, un esprit observateur, une ame sensible et peut-être élevée, m'ont trompée comme tout le reste; je n'ai trouvé dans mes travaux et dans le commerce des humains que des sujets de destruction, de larmes et de regrets.

La savante antiquité dit que l'espérance est le seul bien qui soit resté dans la boîte de Pandore ; elle ne dit rien du bonheur : c'est convenir, ce me semble, qu'elle ne le connaissait pas.

Le sublime Diderot vous a donné l'être. L'immensité de ses lumières sur l'humanité, les sciences, les arts, n'a rien prononcé sur le bonheur ; un autre a traité cet article dans l'Encyclopédie ; ah ! sans doute il n'y croyait pas ! En immortalisant toutes les connaissances humaines, son ame bienfaisante et pure n'aurait pas oublié la plus importante de toutes.

Cependant il se peut aussi que l'excès de nos vices l'ait rebuté, et qu'il n'ait voulu communiquer ce suprême bien qu'à quelques êtres plus dignes d'en jouir. Vous qu'il chérissait comme le plus pur et le plus intéressant de ses ouvrages, vous que les dons heureux de la nature réunis à toutes les vertus, rendent si digne du bonheur, vous savez sûrement son secret ; ne vous refusez pas au sentiment tendre et désintéressé qui me presse; dites-moi seulement si le bonheur existe, et si vous connaissez les moyens de le fixer près de vous.

Mais hélas! j'ai bien peur que vous ne soyez pas plus avancée que moi, et que vous n'ayez rien à m'apprendre sur ce point. Je ne puis me dissimuler que je vous vois une santé faible et douloureuse; malgré l'approbation que vous donnez à tout ce qui vous environne, malgré l'égalité constante que vous montrez dans tout votre ensemble et vos discours, j'oserai vous avouer que mon attentive amitié vous a quelquefois surprise dans une langueur déchirante; puissé-je me tromper! mais je crois que vous souffrez encore plus au moral qu'au physique. Ah! si vous n'êtes pas heureuse, le bonheur est aussi chimérique que nos Fées et nos Génies, et je ne croirai plus qu'à la fatalité.

LETTRE

AU MARGRAVE D'A***

La profonde retraite que je me suis imposée, et l'aspect de la tombe où je vais bientôt descendre, devraient fermer mon cœur à tous les intérêts humains; mais n'ayant jamais pu cesser de vous chérir, de désirer votre bonheur et votre gloire, je croirais vous manquer en ce moment si j'hésitais à vous écrire : ma démarche vous prouvera du moins qu'aucun ressentiment ne me reste, et que je me plais à vous croire juste et bon comme autrefois.

J'apprends que vous êtes plus vivement sollicité que jamais pour céder vos Etats, et l'on m'assure qu'il est possible

que vous y consentiez. Je ne puis le croire: non; vous êtes sûrement incapable de vous nuire, de vous outrager vous-même à ce point. Vous ne pouvez avoir oublié tout ce que vous m'avez dit à ce sujet, ce que vous avez répété cent fois devant moi au vertueux baron de Gemmingen. — « J'aime trop mes sujets pour
» renoncer à les rendre heureux. Quitter
» un trône est prouver qu'on est indigne
» de le remplir. Je me serais contenté de
» n'être qu'un particulier ; je rougirais de
» le devenir volontairement. Seul arbitre
» de ma fortune et de ma volonté;
» maître de disposer de tout, jouissant
» enfin de la reconnaissance et de l'amour
» de sujets auxquels j'ai tout sacrifié, je
» ne ferai ni la folie de confier mon
» bonheur à d'autres, ni celle de me
» mettre à la pension de qui que ce
» soit, etc., etc. ». Je pourrais faire un volume de tout ce que je vous ai entendu dire de noble, de juste, de conséquent sur ce point. Hélas! serait-il possible que votre volonté changeât, quand
votre

votre position ne change point ? quand même il dépend de vous de la rendre plus avantageuse et plus précieuse aux humains ?

La respectable princesse que vous venez de perdre, en ne vous donnant point d'enfans, vous laissait dans une dépendance très-gênante ; libre aujourd'hui d'en choisir une autre, d'avoir des successeurs qui puissent vous tirer de tutelle, dont l'existence empêcherait l'effusion de sang et de larmes que votre succession et la politique peuvent faire couler, vous n'avez plus de choix sur le parti que vous avez à prendre ; tous les cabinets de l'Europe ont en ce moment les yeux ouverts sur vous. Ah ! pesez bien ce que vous vous devez à vous-même ; songez à l'amertume qui remplirait vos jours si vous aviez un reproche à vous faire ; songez au changement que l'opinion des hommes apportera sur votre existence physique et morale ; songez qu'étant homme vous-même, il vous est impossible de vous promettre que

X

vous n'aurez jamais un regret, et que restant toujours souverain, il vous reste toujours le pouvoir de cesser de l'être. Les nœuds de l'hymen vous déplaisent, je le sais : mais ils ne sont à craindre que pour les femmes; votre sexe et votre rang vous permettent de les relâcher à volonté : des égards dans l'intérieur, de la décence dans le public, remplissent le cercle de vos devoirs; et de si faibles contrariétés ne peuvent se mettre en balance avec le respect, l'estime et l'attachement qu'un brave et digne souverain ne manque jamais d'inspirer. Songez, enfin, que c'est votre plus inviolable amie qui vous implore pour vous-même, que je ne vous ai jamais trompé, que le langage que je vous tiens en ce moment est celui que je vous ai toujours tenu : vous connaissez mon ame, vous savez (peut-être mieux que personne) qu'aucune idée de haine, de vengeance, d'intérêt ne l'ont jamais souillée. Je ne veux rien de vous; je ne dois jamais vous revoir, je n'ai plus que quelques momens à vivre : ma seule prétention est de vous prouver que je n'ai point cessé de vous chérir et de m'intéresser à votre gloire.

Ce 14 *mars* 1791.

CONSEILS
A MA JEUNE AMIE.

Ce n'est que pour souffrir plus ou moins, et pour mourir un peu plutôt ou un peu plus tard, que l'être nous est accordé. J'ai rempli ma première tâche par soixante-sept ans de fatigues, de maladies, de chagrins de tout genre, sans autre secours que mon courage et quelques doux momens d'illusion. Les maux nouveaux qui me surviennent, l'affaiblissement sensible de tous mes organes, m'ordonnent de me préparer à la dernière condition que la nature m'impose. Pour soutenir ce moment, toujours terrible à l'ignorante et craintive humanité, c'est à vous seul, ô mon Dieu! que j'ai recours. Si dans des momens de faiblesse, les douleurs de mon corps et le dérangement de mon esprit m'ont arraché quelques murmures, daignez me les pardonner ; je sais que je pouvais souffrir davantage, que les biens dont j'ai joui étoient au-dessus de ce que je méritais, et que je ne vous dois que des actions de grâces ; pardonnez-moi les erreurs où mes sens et mon inexpérience m'ont entraînée, votre toute-puissance vous a fait connoître jusqu'au moindre repli de mon cœur ; vous savez quelle est ma reconnaissance pour vos bontés, ma résignation à vos décrets, mon horreur pour le vice et le crime, mon amour pour mes semblables, mon repentir sur mes égaremens, et les vœux continuels que j'osais vous adresser pour m'éclairer sur mes devoirs. Si je me suis trompée dans le culte simple et pur que je vous ai rendu, si ma faible raison m'a détournée du chemin que j'aurais dû suivre, ma faute est involontaire, et je craindrais de vous offenser si je n'espérais pas en votre miséricorde.

Profondément convaincue de l'existence d'un Etre suprême, de sa justice et de sa bonté, ce ne sera qu'avec des actions de grâce que je lui rendrai la vie qu'il m'a donnée, et c'est à vous, ma chère Pauline, que je veux consacrer les momens qui me restent. Votre confiance et votre amitié m'ont donné les moyens de lire dans votre ame : elle est faite pour la vertu. L'égalité de votre humeur, votre prudence, la décence de vos discours et de votre maintien m'ont toujours fait un plaisir extrême; tout ce que vous avez d'aimable et d'intéressant suffirait pour vous rendre chère à mon cœur.

Entrée dans une famille dont les respectables aïeux ont accueilli ma jeunesse, et dont tous les individus me sont chers; c'est par leur confiance en moi, par la liberté qu'ils m'ont donnée de vous choisir, que vous êtes devenue femme, sœur, mère de tout ce qui la compose aujourd'hui; tous ces titres doublent nécessairement mon affection pour vous : aussi vous regardai-je comme ma propre fille, aussi désirai-je de vous voir à jamais jouissant et digne de tous les biens possibles.

Je suis persuadée que dans fort peu d'années vos propres réflexions vous conduiront de manière à n'avoir plus besoin des avis de personne, à devenir vous-même le modèle des autres; mais mon amitié voudrait vous voir devancer le temps. Permettez à mon expérience de vous prémunir contre le danger des habitudes, contre l'erreur où vous êtes sur la justice et la bonté des hommes, contre l'insuffisance d'une bonne conscience dont les dehors prêtent des armes à la malignité. Pour qu'une femme soit véritablement heureuse, il faut qu'elle s'occupe sans relâche de tout ce qui doit la faire chérir de sa famille, respecter de tout ce qui l'approche, et l'assurer elle-même qu'elle pourra toujours descendre dans son ame sans inquiétude, sans honte et sans remords.

Pour qu'elle ne soit pas trompée, il faut qu'elle étudie tous les êtres qui l'approchent; qu'elle cherche le pourquoi de tout ce qu'elle entend dire, de tout ce qu'elle voit faire ; qu'elle examine les rapports qui doivent naturellement se trouver entre tel état, telle position, telle conduite.

L'amitié, l'amour et la galanterie sont les bases fondamentales de toutes les sociétés. Vous connaîtrez la première à l'égalité constante de l'humeur et de la physionomie, à des soins continus sans mystère et sans exigence, à des services rendus avec chaleur et sans ostentation, aux avis doux et francs qui vous seront donnés sur vos défauts ou sur vos fautes, aux sentimens d'honnêteté, de complaisance qu'on témoignera à tout ce qui vous est cher et recommandable, enfin à la confiance qu'on aura pour vous.

Le véritable amour est rare ; peut-être même n'existe-t-il plus: nos mœurs ne nous en ont réservé que le nom, et l'on en décore ces liaisons indécentes formées par l'illusion, le besoin des sens, la vanité mal entendue et l'oubli de tout principe et de toute pudeur. Le véritable amour ne peut naître et se maintenir que dans une ame vertueuse : il est toujours timide, modeste, respectueux, il cache également et son bonheur et sa peine; vous le reconnoîtrez à la langueur ou la vivacité des regards, à l'embarras de s'exprimer, à la crainte de déplaire, au soin continuel de deviner, de saisir la volonté de ce qu'il aime, au silence profond qu'il gardera sur ces sentimens. Dans la position où vous êtes, celui qui vous ferait une déclaration en forme n'aurait point un véritable amour : ce sentiment doit avoir pour base l'estime et le respect; on ne parle qu'autant que l'on espère, et si l'on espère du retour d'une femme mariée, c'est commencer par lui démontrer qu'on ne l'estime ni ne la respecte.

Je ne suis point étonnée de la dépravation de nos mœurs actuelles : à peine sorti du collége, on fait entrer un homme dans le monde. Entraîné par ses égaux, il se livre sans mesure aux dangers de la table, des femmes et du jeu; ses chevaux, son cabriolet, son indécent et ridicule vêtement sont les objets uniques de ses études : des dettes, la tête d'un fat ou d'un sot, le cœur d'un libertin et le corps épuisé d'un vieillard, est souvent tout ce qu'il possède en atteignant sa majorité. Quel époux, quel père peut-il être ?

Notre éducation ne vaut guère mieux.

Des bonnes, des gouvernantes sans choix, et par conséquent sans mérite ; des religieuses ignorantes, cagotes, minutieuses, sont chargées de présider à tous les développemens de notre caractère : quel frein ou quel principe en pouvons-nous recevoir ? La plupart des mères de famille insouciantes, dissipées, coquettes, souvent pis, croient tout faire en donnant des maîtres de danse, de musique, de géographie, etc. ; cela est bon à savoir sans doute : apprendre par cœur le catéchisme et l'évangile du jour exerce la mémoire, j'approuve encore ; mais la connaissance du bien et du mal, celle du monde où nous devons vivre, les devoirs de l'humanité, ceux d'épouse, de mère, qui nous les apprend ? Personne.

C'est sans consulter leur cœur qu'on marie ses enfans : les convenances de rang et de bien font tout ; il est par conséquent fort rare de réunir deux êtres qui se conviennent, qui remplissent les illusions qu'ils se sont faites et les besoins physiques et moraux qu'ils tiennent de la nature. Présentés dans le monde, il est naturel de chercher à connaître ceux que nous y rencontrons, avec lesquels nous devons vivre ; en nous disant les noms et les qualités de chaque personne, on nomme en même-temps leurs amans et leurs maîtresses ; on nous apprend qu'il est d'usage de les prier ensemble ; on les rencontre dans la même loge au spectacle ; ils vont ensemble dans la même voiture ; nous voyons que les maris ne trouvent rien à dire à tout cela ; que l'amant de madame est fort bien traité par monsieur, et que la maîtresse de monsieur est la société intime de madame.

Nous concluons nécessairement que ce que tout le monde fait ne saurait être répréhensible ; qu'il serait même ridicule de ne pas faire comme tout le monde.

Nous naissons ou sensibles, ou coquettes, ou vaines. Négligées par un mari, pressées par des séducteurs, conseillées par des femmes qui ne veulent pas permettre qu'on soit plus respectables qu'elles, sollicitées par le besoin d'aimer, le désir de plaire et l'orgueil de nous venger, nous cédons, et nous sommes perdues.

Il est pourtant encore des femmes vraiment respectables. Une bonne éducation, une ame naturellement pure et fière, un jugement sûr, un sang tranquille, une surveillance éclairée, attentive, en conduit quelques-unes dans le chemin de la vertu : le nombre n'en est pas considérable, mais il en existe. J'en ai rencontré six pour ma part, dont quatre vivent encore, et vous avez fait chez moi la connaissance de deux d'entr'elles.

Quoique le tourbillon m'emportât quelquefois, je n'ai jamais approché d'une femme estimable sans éprouver un sentiment de respect pour elle et de regret pour moi; et ce n'est peut-être qu'au désir de justifier leur indulgence et leur amitié, que je dois le développement de quelques bonnes qualités que m'avait données la nature.

Dans le nombre des femmes qui s'égarent, il en est de plus ou moins coupables; une faiblesse est toujours un malheur, une tache, mais elle n'est pas toujours un crime, un vice : on peut se la faire pardonner si, n'étant fondée que sur l'inexpérience et l'exemple, on la répare en n'y retombant plus. Dans tout ce que je vous dis-là, ma chère Pauline, songez bien que mes préceptes ne sont que pour les femmes mariées ou celles que leur position appelle à l'être, sans quoi vous me condamneriez sur mes propres paroles, et ma leçon serait perdue. Il est fort différent de disposer de son bien ou de donner celui d'un autre: j'étais libre; une femme mariée ne l'est pas; et ce qui n'était qu'une erreur pour moi, devient un crime pour elle.

Vous avez de l'ordre dans vos idées, de la délicatesse et de l'honneur dans l'ame, vous aimez votre mari, tout cela me fait espérer qu'on ne vous séduira pas: mais gardez-vous bien de croire que ce soit assez d'être sage pour n'être point suspectée. L'envie suit constamment les pas de toutes femmes titrées, riches, célèbres, aimables et vertueuses, elle épie tout, et verse à grands flots son venin sur la moindre probabilité: l'espérance du fat, le discours du sot, la calomnie du méchant sont avidement saisis par elle. Pour l'éloigner, ne soyez ni bégueule ni prude, permettez qu'on vous approche et qu'on égaye la conversation; mais que votre maintien avertisse qu'un propos libre et l'air de la familiarité ne vous plairaient pas; ne vous laissez conter les histoires du monde que dans le secret, et par des personnes que vous estimez; ne souffrez en public, ni les travers, ni les ridicules, ni les torts qu'on veut donner à quelqu'un, de quelque état qu'il soit, fût-ce votre rival, votre ennemi; défendez ceux qu'on attaque, faites l'impossible pour les justifier, et si vous croyez ne le pouvoir pas, exigez qu'on change de conversation : cette conduite vous assurera l'estime de tout le monde et la reconnaissance de tous ceux que vous aurez défendus. Si cette malheureuse envie peut laisser se désarmer, c'est par la pratique continuelle de toutes les vertus ; mais c'est sur-tout pour soi qu'il faut être bon, juste, humain, bienfaisant ; l'ame qui n'a point de reproche à se faire goûte un calme si pur, si consolant, elle se rend un compte si doux que je ne puis concevoir non-seulement comment on fait le mal, mais même comment on respire un instant sans chercher les moyens de faire le bien. Vous me direz sans doute que d'après cela je ne puis admettre la méfiance? Je conviens qu'elle blesse ceux qui nous l'inspirent ; je crois qu'un caractère naturellement défiant est au moins susceptible des vices dont il suspecte les autres; cependant consultez le moment où nous sommes, est-ce l'amour de l'humanité, le désintéressement, la justice qui viennent de produire les deux incroyables révolutions de la France?

Deux têtes mal organisées en ont pu concevoir le plan, soit. Mais ce nombre immense de coopérateurs, ces bandits appelés de par-tout, dévastant vos terres, brûlant vos titres et vos châteaux, portant en tous lieux la misère et le carnage, sont-ce seulement des étourdis? Est-ce sans un plan arrêté que depuis plusieurs années on détourne les grains, on fait des magasins d'armes, d'habits, de munitions de toute espèce? Est-ce sans projet qu'on a fait entourer Paris par vingt mille soldats? Etait-ce pour rétablir nos finances qu'on voulait renvoyer M. Necker et rappeler M. de Calonne? Etait-ce pour servir le peuple qu'on donnait l'ordre de tirer sur lui? Etait-ce pour plaisanter que M. de Lambesc, accompagné de hussards, de dragons, et soutenu par un détachement des gardes suisses, est venu sabrer et tuer

les

les citoyens qui prénaient tranquillement l'air dans les Tuileries ? Est-ce enfin par amour, par respect pour le roi, qu'on le trompait par tous les moyens possibles, et qu'on l'exposait à perdre, et sa couronne et sa vie ? Ah! ma chère Pauline, il est impossible de se refuser à l'évidence! La méchanceté guide le plus grand nombre des hommes; n'en suspectons, n'en accusons aucun sans preuve, mais soyons sur nos gardes avec tous. Etudiez tous ceux qui vous approchent, parcourez les annales du monde, vous serez forcée d'avouer que rien n'est aussi commun que le vice, et que rien n'est aussi rare que la vertu. Il ne faut pas que cela vous rebute : c'est à la difficulté de l'entreprise qu'on connaît la grandeur du courage.

L'instant approche où vous pourrez facilement développer, et même accroître les vertus dont vous êtes susceptible. L'éducation de votre fille sera la pierre de touche de toute votre vie; vous ne pouvez pas l'instruire vous-même, mais vous pouvez l'engager à tout apprendre en étudiant son caractère, en vous soumettant à toute la patience que l'enfance exige, en songeant que sa confiance, son respect, son attachement, importent au bonheur de ses jours et des vôtres; il faut autant de courage que d'adresse pour faire une bonne éducation. Je vous sais bonne fille, bonne femme, bonne maîtresse de maison, bonne amie; je me plais à croire que vous voudrez aussi être bonne mère; j'imagine que vous vous imposerez la loi de ne jamais montrer de colère ni d'humeur; que vous ne reprendrez qu'avec douceur et sensibilité; que vos caresses, des dons, des permissions, des éloges mesurés, seront le prix des efforts de votre enfant; que votre volonté ne fléchira jamais sous la sienne, et que vous ne lui prescrirez rien sans lui dire pourquoi vous l'exigez : par ces moyens vous lui donnerez l'idée de votre caractère, vous tournerez le sien à la bonté, la confiance et le respect, et vous aiderez ses petites idées à se classer, à s'agrandir plus rapidement. Je suppose aussi que votre intention sera de présider, le plus souvent qu'il vous sera possible, aux leçons qu'elle prendra ; votre présence lui donnera de l'émulation, et le maître n'osera point avoir de négligence. Ces soins sont même tout profit pour les jeunes mères : on ne sait pas tout. La vie qu'on mène dans le monde fait oublier beaucoup de choses, et ces leçons ou les apprennent ou les rappellent. Des enfans destinés à vivre de leur bien doivent seulement apprendre ce qui pourra les rendre agréables dans le monde, et leur faire supporter sans peine des momens de solitude; pour exceller dans quoi que ce puisse être, il faut s'en occuper uniquement : ce grand travail n'appartient qu'à celui qui veut en faire un métier.

Si j'avais eu des enfans, j'aurais voulu qu'ils n'apprissent de la danse que ce qui donne de l'aplomb, de l'ensemble à toute la figure; que ce qui fait présenter, saluer, marcher, s'asseoir avec facilité, noblesse et grâce.

Je me serais peu souciée qu'ils chantassent à livre ouvert. Former leur oreille et leur goût, connaître l'étendue de leur voix, leur faire sentir l'horreur des dissonnances et le charme de la mélodie, les mettre en état d'apprendre seuls un petit air, est tout ce que j'aurais voulu.

La harpe est un instrument précieux entre les mains d'une femme qui a de la voix et de la grâce ; mais il peut occasionner des défectuosités dans la taille : il fatigue les poumons et casse la voix. Je n'en aurais point voulu.

Le clavecin et le piano me semblent pouvoir être agréables, et quelquefois utiles. J'en aurais fait pousser l'étude au point d'en sentir, d'en apprécier les difficultés; mais je n'aurais pas voulu qu'on cherchât à les surmonter. Jouer avec facilité de jolis riens, se mettre en état de s'occuper, de se distraire, de s'arracher à quelque préoccupation, est assez pour les gens du monde : il ne faut épuiser ni le temps, ni la mémoire, ni les heureuses dispositions des enfans à des talens, dont, à toute rigueur, ils peuvent se passer.

Ce qu'il faut leur faire apprendre à fond, c'est leur langue : il est honteux d'ignorer la signification, la valeur, le genre, la prononciation des mots qu'on entend et qu'on prononce. Mieux on sait sa langue, plus l'esprit s'agrandit. Le choix des mots ajoute également à l'éloquence, à l'imposant, au touchant, à l'agréable : la modulation que chacun d'eux demande, prête mille et mille charmes au discours. Qui sait sa langue, ne prononce pas entre ses dents, ne retranche point de syllabe, évite la monotonie, choses infiniment déplaisantes aux oreilles délicates, et à celles que l'âge rend un peu dures.

Qui sait sa langue, sait l'ortographe. Je sais qu'on fait grâce aux femmes de leur ignorance sur ce point ; mais je vous conjure d'exciter votre fille à ce noble orgueil qui n'implore ni ne reçoit aucune grâce.

Soignez son écriture ; tâchez qu'elle convienne à tous les yeux. Rien n'est plus fatigant, pour celui qui reçoit un mémoire, une lettre, que de chercher les mots les uns après les autres : il n'est point de style qui ne perdît beaucoup à être ânoné. Les lignes de travers, les caractères indéchiffrables, ne m'annoncent qu'un être négligé, gâté et insouciant.

Tous nos livres d'histoire, ennuyeux pour nous-mêmes, doivent être insupportables pour des enfans. Je vous conseille de ne donner aux vôtres, dans les premiers momens, que les abrégés les mieux faits, que des histoires particulières, qui, plus rassemblées dans les faits, doivent plus facilement piquer et soutenir leur curiosité. Exigez qu'ils vous en rendent compte; aidez-les à débrouiller les petites sensations qu'ils en recevront ; ne laissez passer aucun trait de vertu, d'héroïsme, d'humanité, sans en faire l'éloge; ne perdez jamais l'occasion de peindre les dangers du vice, et l'horreur qu'il inspire ; augmentez l'importance des lectures, à raison de leur développement; joignez à cette seconde classe d'étude, celle de la géographie. Sous le nom de récompense, permettez qu'on lise la tragédie, qui rappelle tel trait d'histoire qu'on a lu; permettez qu'on en apprenne des vers, et qu'on vous les récite. Ce qu'on impose aux enfans comme devoir, les rebute; ce qu'on ne leur permet d'apprendre que comme une récompense, les excite. Priez quelquefois qu'on égaye votre loisir par la lecture d'une fable, d'une petite pièce de vers, des préceptes de morale, détachés et faciles à retenir : évitez les romans et les contes de fées; ils exaltent trop le cœur et la tête.

Ayez l'adresse de leur faire désirer d'apprendre le dessin : c'est une douce ressource dans la solitude. Il est agréable de se bien connaître en estampes, en tableaux, et tout ce qui tient à l'agrément est un mérite dans le monde.

Gardez-vous bien, ma chère Pauline, de croire que je vous dicte des loix. Je n'ai point eu d'enfans : ce qu'il faut à leur éducation n'a jamais été l'objet de mes recherches ; il se peut que mes petits apperçus n'aient pas le sens commun : je les soumets à votre raison ; s'ils sont bons, suivez-les; s'ils ne le sont pas, dites-vous au moins que c'est le radotage d'une ame sensible, qui même n'étant plus, voudrait encore contribuer à votre bonheur, et dont la vie triste et douloureuse se soutient en s'occupant de vous.

Je ne me trompe sûrement point en désirant que votre fille vous choisisse pour sa confidente et sa meilleure amie; n'épargnez rien pour en venir à bout : c'est assurer le repos et le bonheur de toutes deux. Plus délicates, plus sensibles, plus modérées, plus contenues dans tous nos sentimens que les hommes, c'est à nous qu'il doit être réservé de donner l'exemple des devoirs purs et doux que commande la nature. La mère qui s'y refuse, la fille qui les méconnaît, ne peuvent être que des monstres.

Vous êtes encore loin, ma chère Pauline, du temps funeste où nous sommes forcées de nous avouer que tout passe ; mais votre fille en grandissant, en attirant les regards, sera le terme de vos prétentions, et le baptistaire où l'on ira chercher votre âge. Par ce que vous entendez dire aux autres femmes, vous devez vous attendre à ce qu'on dira de vous. Pour vous mieux prémunir contre ce moment critique, il faut que je vous conte de quelle manière je l'ai passé moi-même.

J'étais parvenue à l'âge de quarante ans, sans m'être apperçue d'aucune dégradation dans ma figure ; soit que l'extrême parure, nécessaire à mes rôles, favorisât l'illusion des autres, soit qu'elle fût soutenue par la variété des personnages que je représentais, soit qu'on fût maîtrisé par les passions que je m'efforçais de bien peindre, ou par l'optique du théâtre, tous mes amis me trouvaient charmante, et mon amant m'aimait à la folie ; bref, je ne me doutais de rien. Un jour, plus vivement pressée du désir de plaire, je voulus ajouter à mes charmes le secours de ces parures élégantes, que nous avons toujours en réserve, et qui font faire : ah!.... quand on nous voit. Me regardant continuellement au miroir pour voir si mes cheveux allaient bien, il me sembla que ma femme de chambre se négligeait, qu'elle oubliait l'air de mon visage, qu'elle avait l'intention de me rendre moins jolie ce jour-là que de coutume. Cependant je demandai avec confiance le charmant bonnet qui devait tout surmonter, mais de quelque façon que je le tournasse, j'en fus mécontente; je le jetai; j'en demandai vingt autres; et confondue de n'en trouver aucun qui m'allât comme je voulais, je m'examinai scrupuleusement moi-même. Le nez sur la glace, éclairée par le jour le plus pur, je vis plusieurs sillons de rides sur mon front! dans les deux coins de mes yeux! dans le tour de mon cou! la blancheur de mes dents n'avait plus le même éclat! mes levres étaient moins fraîches! mes yeux moins vifs! et malheureusement je me portais bien dans ce moment-là!... Forcée de m'avouer que ce n'était plus la faute de ma femme de chambre et de mes bonnets, que c'était moi qui n'étais plus la même, je fondis en larmes. Quelle faiblesse ! direz-vous. Hélas! j'aimais! mon bonheur dépendait de plaire, ma raison m'ordonnait de n'y plus prétendre. Ce moment fut affreux : ma douleur dura près de six mois ; elle était d'autant plus pénible qu'il fallait la cacher pour n'en pas avouer la cause. Mais dès le premier moment de cette cruelle découverte, je me vouai à la plus grande simplicité ; en n'attirant plus les yeux sur ma parure, je me flattai d'échapper plus aisément aux coups-d'œil de détail : la critique et l'envie doivent au moins se taire devant celles qui se font justice. Je n'exigeai plus rien ; en redoublant tous les soins de l'amour, je n'en parlai plus le langage ; insensiblement j'en réprimai tous les désirs. Ma conduite frappa ; l'on m'en demanda compte : on fut touché de celui que je rendis. J'obtins par là de jouir encore cinq ans d'un cœur que beaucoup de femmes me disputaient, et que la jouissance d'une grande fortune me fit perdre sans retour.

Faites vos réflexions là-dessus, ma chère amie. Arrivées à l'âge de trente ans, les hommes ont la sottise de nous constituer vieilles, et de blâmer en nous ce qu'ils osent prétendre pour eux, dans la plus dégoûtante caducité. Cette injustice est plus digne de pitié que de colère; ne vous en offensez point, et n'y sacrifiez jamais rien : c'est votre vanité, votre délicatesse, votre raison qu'il faut consulter pour savoir ce que vous avez encore à prétendre. Vous ne pouvez alors vous dissimuler que chaque jour va vous enlever une grâce ; mais votre ame exercée par le temps et l'expérience, voudra sûrement les remplacer par des vertus : elles vous assureront un empire bien plus doux, bien plus durable que celui de la beauté.

En allant dans le monde, ne portez jamais cette folle dissipation, cette légéreté d'esprit qui fait glisser sur tous les objets qu'on y rencontre. Il n'est rien dont votre raison et votre jugement ne puissent tirer parti pour vous-même. On a toujours besoin les uns des autres. Si vous n'avez pas étudié l'être qui peut vous servir, vous vous y prendrez mal adroitement pour le gagner.

Il est difficile et peut-être impossible de lire dans le cœur des humains ; mais les actions, les discours vous apprennent au moins, ce qu'on veut paraître. Comparez, réunissez ces apperçus à ce que vous pouvez savoir d'ailleurs, vous connaîtrez l'être dont vous avez besoin.

En examinant bien, vous vous convaincrez qu'il est bien peu de familles où la vertu soit héréditaire ; et que dans presque toutes celles qui sont vicieuses, les enfans vont toujours plus loin que les pères. Vous verrez que l'opinion qu'on a des pères, décide celle qu'on prend sur les enfans. On espère que le fils d'un brave et galant homme, la fille d'une femme douce et pudique porteront l'honneur et la paix dans les maisons qui les adoptent. Ce préjugé favorable peut l'emporter sur un peu plus, un peu moins de de titres, sur un peu plus, un peu moins de bien qu'offrirait la famille vicieuse. Dans tous les événemens de la vie, dans toutes les délibérations, la volonté motivée d'un être sans reproche est toujours du plus grand poids. Rien n'est égal à l'ascendant d'une femme vertueuse : elle peut tout sur ceux dont elle est entourée.

Vous avez infiniment d'esprit naturel, cultivez-le ; tâchez de ne pas passer un jour sans faire une lecture instructive. La morale, l'histoire, les belles-lettres, quelques romans choisis, suffisent aux femmes pour les affermir dans leurs devoirs, les faire distinguer dans le monde, et les intéresser dans la solitude. La malheureuse liberté de la presse, inonde aujourd'hui l'Europe d'écrits calomnieux, dictés par le crime et la misère : ne perdez point votre temps à lire ce fatras de mensonges et d'inutilités ; on se laisse quelquefois prévenir par un ton de vérité, par des assertions si motivées, qu'on n'ose croire à l'audace qui les enfante : on prend une opinion sans le vouloir, on se permet de la soutenir. Evitez ce danger ; il est fâcheux d'avoir à se dédire. La femme qui dispute sort de sa place, et nous devons toutes avouer, qu'il n'est que les intrigantes de profession, ou la plus longue expérience qui puisse donner quelques idées de l'audace, de la méchanceté, des ressources de l'ambition, et du manége de la politique.

Vous pouvez faire un bien meilleur usage de votre temps : vous avez un grand état de maison, occupez-vous de ce qui peut en assurer l'ordre, l'économie et la paix.

Votre mari est un reste de ces bons flamands, qui pleins de candeur, de franchise et de désintéressement, croyaient toujours devoir tuer le veau gras pour le premier qui se présentait, et dont les ames pures repoussaient la défiance. Les temps sont changés, il faut changer avec eux. Autrefois, on se réunissait rarement ; le faste n'était que momentané ; il était facile d'y suffire : il est à présent de tous les jours, et quelque fortune qu'on possède, si l'on ne compte pas souvent avec soi-même, si l'on n'a pas continuellement l'œil ouvert sur le gaspillage des domestiques, si l'on ne met pas un frein à leur cupidité et leur prétention, on est bientôt ruiné, ou pour le moins mal à son aise. Tout être sage doit s'arranger pour avoir toujours quelque chose de reste de son revenu annuel, et s'en faire un fonds pour le besoin ; avec ce fonds, on remplace les non valeurs qu'on n'a pu prévoir ; on est à portée de faire une acquisition avantageuse ou agréable ; il peut aider au trousseau des enfans qu'on veut établir ; il peut vous procurer le bonheur inestimable de rendre un service à votre ami.

Par le peu de fantaisies que vous montrez, par l'ordre que vous mettez dans vos dépenses personnelles, avec dix ans d'expérience sur ce qui convient à votre mari, et sur la façon dont votre maison doit être tenue pour être bien, il ne doit pas vous être difficile d'obtenir pour vous

vous la confiance qu'il veut bien accorder au chef de ses domestiques.

Pour qu'un ménage aille bien, il faut que l'homme ait l'inspection et la conduite de toutes les affaires du dehors, et que la femme ait l'inspection et la conduite de tout ce qui se fait dans l'intérieur. Au bout d'un certain temps, les époux n'ont pas grand'chose à se dire ; en se rendant un compte mutuel de leurs travaux, ils ont des objets de conversation utiles, intéressans, qui peuvent ajouter à l'estime, à la confiance, et font contracter des besoins d'habitude qui seront aussi forts et plus durables que ceux des sens.

Pour qu'une femme obtienne de la considération dans sa maison, il faut que les étrangers sachent qu'elle y commande, qu'elle y règle tout; ce pouvoir constate son intelligence, son goût pour ses devoirs, et la confiance que son mari lui accorde ; elle en est mieux servie et plus respectée par tous les domestiques ; ses enfans même se montrent plus soumis : en se conduisant avec douceur, prudence et fermeté, elle se forme un empire qui peut, à la vérité, lui coûter quelques privations dans sa jeunesse. Mais cette jeunesse passe si vite! ses illusions ont quelquefois des suites si cruelles! notre vieillesse est si longue! nous avons besoin alors de tant de dédommagemens! et le désir de gouverner augmente si fort avec notre âge, qu'aucun sacrifice ne doit nous coûter pour en venir à bout.

Vous aurez par là la plus grande prépondérance sur l'établissement de vos enfans; rien ne se fera sans vous consulter, sans avoir librement votre aveu; enfin, votre utilité dans la maison vous fait un ami de votre époux, et votre inutilité vous en fait à jamais un maître. C'est à vous de choisir : mais songez bien qu'un dégoût dans la jeunesse n'est qu'un coup d'aile de papillon que le moindre plaisir efface, et que dans la vieillesse c'est un coup de poignard dont la plaie saigne à chaque instant.

Si votre goût ne contrarie pas ce plan, si les circonstances vous permettent de le suivre, j'ose répondre du bonheur de toute votre vie. Cette vie doucement et loyalement occupée vous détournera des dangers du monde ; elle affermira votre santé, elle assurera la paix de votre ame, elle vous garantira ce que bien peu de femmes possèdent, le respect, l'estime, la tendresse et les regrets de vos entours.

Prête à descendre au tombeau, je ne jouirai point des biens touchans que je vous annonce ; mais en suivant les avis que ma tendre amitié vous donne, il dépend de vous de prolonger mon existence morale, et de faire retrouver mon cœur dans tout ce que fera le vôtre. O ma chère Pauline ! pourriez-vous consentir à me laisser anéantir toute entière !

FIN.

TABLE DES PIÈCES

Contenues dans ce Volume.

MÉMOIRES D'HYPPOLITE CLAIRON, Page 1re.

RÉFLEXIONS SUR L'ART DRAMATIQUE, 22

Organe et prononciation, 23

Force, 26

Exemple de la Nécessité de rapporter tout à l'Art, 30

Mémoire, 36

Tyrans, 42

Rois, 43

Premier Rôle d'Homme, ibid.

Jeunes premiers Rôles d'Hommes, 44

Confidens,	45
Division des Rôles de Femmes,	48
Mères,	ibid.
Rôles forts,	50
Rôles tendres,	52
Confidentes,	53
Vétemens,	ibid.
Danger des Traditions,	55
Sur le blanc,	56
TALENS QU'ON PEUT ACQUÉRIR. *Danse et Dessin*,	62
Musique,	63
Langues, Géographie, Belles-Lettres,	64
Réflexions générales,	71
PORTRAIT DE MADEMOISELLE DUMESNIL,	84
Rôle de Monime,	92
Hermione,	95
Ecole,	99

Orosmane, 108

Etude de Pauline, dans Polieucte, 110

Apperçu de Roxane, dans Bajazet, 113

Sur les Tragédies de Manlius et de Venise sauvée, 117

Sur Cornélie, dans la Mort de Pompée, 118

Phèdre, 119

Blanche, dans Blanche et Guiscard, 124

Sur M. de la Touche, et sa Tragédie d'Iphigénie en Tauride, 130

Les deux Electres, 138

RÉFLEXIONS DE MADEMOISSELLE C***, SUR ELLE-MÊME, ET SUR L'ART DRAMATIQUE, 147

NOTE DE L'EDITEUR, ibid.

AGENDA. PREMIÈRE RÉFLEXION, 151

Deuxième Réflexion, 152

Troisième Réflexion, ibid.

Quatrième Réflexion, 153

Cinquième Réflexion,	153
Sixième Réflexion,	154
Septième Réflexion,	ibid.
Huitième Réflexion,	156
Neuvième Réflexion,	158
Dixième Réflexion,	160
Onzième Réflexion,	161
Douzième Réflexion,	166
Première Epoque,	ibid.
Récapitulation,	175
Seconde Epoque,	177
Récapitulation,	203
Troisième Epoque,	207
Faits particuliers. Ordre de Début,	223
ANECDOTE SUR RODOGUNE,	226
VOYAGE DE BORDEAUX,	231
Baptême,	235
LETTRE,	237
LA ROBE, OU LA VISITE DE M. LE MARÉCHAL DE R...,	247
Suite de la Journée,	251

Explication avec S. A. S. Madame la M***, demandée par moi, 266

Lettre a S. A. S. Monseigneur le Margrave d'A***, 281

Dialogue entre M. L***, Madame L*** et Mademoiselle Cl***. 286

Chanson présentée quelques jours après cette Conversation, a Madame L***, 296

Autre, sur le même Air, adressée a Madame Drouin, 298

Réflexions sur les Mariages d'Inclination, ou Pourquoi j'ai refusé de me marier, 300

Lettre a Madame de V***, 315

Lettre au Margrave d'A***, 319

Conseils a ma jeune Amie, 324

Fin de la Table.

www.ingramcontent.com/pod-product-compliance
Lightning Source LLC
Chambersburg PA
CBHW050300170426
43202CB00011B/1760